你可以跟孩子聊些什麼

新課綱上路，培養孩子成為終身學習者，每天二十分鐘，聊出思辨力與素養力！

番紅花 著

目次

chapter 3

焦點新聞：社會觀察的省思 137

chapter 4

人際之間：讓同理源源不絕

自序

那些「學校老師沒有空深入往下談」的事

若將「母親」這身分以「職場」來做比喻，那麼隨著我大女兒甫度過的二十歲生日，這二十年的母職歷練，我或可被視之為「媽媽界的資深者」。二十年時間不算短，世界上許多事可以用漫漫歲月來獲取經驗，像是如果當了二十年的廚房學徒，即不難掌握食材與火候之間的關係與技巧，若寫了二十年程式或是蓋了二十年房子或是拍了二十年電影，你就有很大機會成為那個產業或那個領域的「達人」；然而，當了二十年的媽媽，是否就能成為一個厲害的、有自信的媽媽呢？

走過二十載育兒的日日年年，此際我的孩子正迎向她大二的燦亮青春。但我從沒有一天覺得自己是嫻熟、老練的，面對兩個每天都在成長、掙扎、出招的孩子，我想，「母親」這工作沒有所謂的資深不資深，至少我經常覺得自己是在重重夾縫擠壓中，一邊犯錯一邊思索一邊調整作法的「新手媽媽」。

孩子像是一種脫殼蛻化的漸進變態類昆蟲，今天的他已不是昨天的他，因此母職舊經驗往往派不上用場，昨天有用的招式，今天可能就失靈了。說到底，從二十萬年前的「智人」在地球上養育嬰孩至今，此刻的父母，應是人類有史以來所面臨最艱難的親職考驗，各種分歧、強勢的教養論述，引誘著這一輩為人父母與自己的成長經驗相抵抗。從懷孕的第一天開始，我就期許自己當一個「好媽媽」，而我對「好媽媽」這角色的追求，是不讓我童年的種種遺憾或失落，發生在我孩子身上。

例如自幼年至今，我和嚴肅、僵硬、保守的母親，對話不多，我希望這份難以彌補的缺憾能夠到此為止，我但願我這一代的母職實踐，能夠展開「和孩子長期、綿密、持續的聊天與對話」。至於要聊些什麼，一開始我也沒有特定的目標或策略，只是在那十年蠟燭兩頭燒的職業婦女生涯裡，我不斷思考，每天晚上除了急急躁躁對孩子下這些指令：「你功課寫完了沒有」、「還不去洗澡」、「專心吃飯啊」、「趕快去練琴」

……，還能不能有別的呢？和不識字的母親比起來，我是家裡第一代大學生，雜食性閱讀症的我，算是擁有一點點文化資本，我應該和孩子們聊哪些「學校老師沒有空深入往下談的事」呢？

我開始順著自己的興趣、個性和能力，在我和孩子有空聊天的各種短短長長空檔，隨著她們年齡的增長，將親子聊天的版圖，溫和而不躁進的擴張。

這裡面難免有我個人的價值觀和我的人生思索，卻也不乏我但願孩子所擁有的「公民素養」，許多本土或國際的新聞議題，不論冷門或熱門，都有機會成為我和孩子聊天的文本。過去有些被醜化的「暴民反抗」，卻可能是這時代被肯定的「公民不服從」；過去被視為不可說的校園同志性別禁忌，如今卻是板中男裙週的「這樣我們或許就不會再失去任何人」；當我們的孩子享有家庭完善的經濟資本和文化資本時，台灣正有多少中輟的童工需要被關心被看見被接住……，和孩子聊天的話題像滾雪球一樣越來越大、越來越多，漸漸地，終於我擺脫了「還不趕快去寫功課」的對話障礙。

這些年我發現和孩子聊得越多，我們對彼此的認識即更深，孩子也日益養成獨立思考能力，然後在這過程裡，我也和時代的脈動扣得更緊。當我把世界帶到孩子的面前，自己也因之脫殼更新。

這本書無意教導讀者們如何和孩子聊天，事實上不論和孩子聊天是輕鬆或嚴肅，練肖話有練肖話的快樂，思辨有思辨的啟發，大人若能夠減少「人在心不在」的親職尷尬，放下手機，願意和孩子多聊天多跨領域對話，練肖話或思辨都有其意義。

「成為一個終身的學習者」是時代趨勢，但願這本書能帶給讀者與孩子聊天的靈光與參考。孩子既是我們的孩子，也經常是指出我們錯誤、激發我們思考的老師，與孩子聊天，我自己受惠很多。在這裡要感謝我的兩個孩子，總是原諒我的疏忽與過錯，對媽媽的話抱持開放的態度，即使在激辯過後，也能夠放下情緒，進來房間抱抱我。是孩子激發我成為更好的母親，更好的大人。

chapter 1

日常思辨：延展生活的視角

撕下成功標籤，如何成為自己？

與孩子閱讀蜜雪兒・歐巴馬《成為這樣的我》，
我們欣賞作者總是擁有「顛覆傳統」的見識；
雖然「成為自己」不是容易的事，
但可以先從「不被成功標籤禁錮」開始。

經過十幾個小時驚心劇痛的生產過程，躺在產檯上第一次抱到剛溜出產道的女兒時，我真的嚇壞了，不敢相信眼前這陌生、脆弱、細幼的小生命從此將加入我人生的下半場，一切都沒有回頭的餘地。此後我只能以媽媽的角色，抱著她往前走，與其說喜悅，毋寧說我內心充塞著更多的惶恐，我當媽媽了，但是我並不知道怎麼當媽媽哪。

知道自己育兒的經驗值是零，要把一個人養活、養重、養大、養好，這方面我什麼都不會，什麼都不懂。「養大一個人」是如此漫長且責任重大的工程，為了讓自己少犯點錯、減少胡亂摸索的時間，我決定開啟「書呆子養育小孩」模式，凡有任何不懂，就試著從書裡找答案參考，不論是專家學者的理論研究或是素人母親的心路歷程，我都讀得津津有味。大量讀書稍稍緩解我在育兒路上的緊張與惶惑，孩子成長的每一年都在變化，孩子每一年都帶給我新的挑戰，這將近二十年的育兒時光，我是藉由讀書和雙手的實作，來學習如何當兩個孩子的母親。

今年初和美國同步出版的《成為這樣的我》，雖然是蜜雪兒．歐巴馬（Michelle Obama）的個人回憶錄，並非所謂的「教養指南」工具書，但讀書偏雜食性的我，在這本書裡，捕捉到許多我認為可以分享給兩個未成年女兒的可貴靈思。

你可曾注意到卸下美國第一夫人身分的蜜雪兒．歐巴馬，她的人生回憶錄《成為這樣的我》，版稅高達美金六千三百萬？這是一個非常驚人的數字，金額遠遠超過柯林頓夫婦自傳達三倍以上。有史以來從未曾有過第一夫人的書，引起全球出版界如此大的騷動，全球讀者為什麼對黑奴後代出身、曾被媒體妖魔化「不愛國但愛生氣的黑人女性」蜜雪兒‧歐巴馬的人生故事，有這麼高的興趣與期待？

她是誰？

為什麼她可以突破長久以來第一夫人保守的典型樣貌，活在歐巴馬的盛名之下，卻依舊創造出她自身「揉合了機鋒與溫暖」的鮮明樣貌？

蜜雪兒成長自黑人勞工階級家庭，她的父母具有何種獨特敏智的教養方式，進而培育出這女孩她人生路上不斷突破框架的勇氣與自信？

提起蜜雪兒‧歐巴馬，國人對她的第一強烈印象，或許是她在二〇〇八年全世界矚目的就職晚宴上，選擇穿著新銳設計師吳季剛的白色單肩雪紡禮服，所呈現出頎長體態裡的優雅時尚。其實這不僅事關美麗，蜜雪兒‧歐巴馬從眾多頂尖設計師的禮服中，挑選台灣裔加拿大籍在紐約奮鬥的年輕設計師作品，我認為此舉自有其深意，顯露出律師出身的蜜雪兒・歐巴馬對於新移民族群的關注與態度。身為美國有史以來首位非裔第一夫人，選前她就輪番以大方、慧智、坦誠的黨代表大會公開助選談話，攫住大眾的眼光。她用自己的聲音說明她是誰，她用自己的話語粉碎諷刺她的漫畫與刻板印象，人們開始注意到未來這可能不是一位隱藏或依附在丈夫背後的典型傳統第一夫人，蜜雪兒・歐巴馬就是她自己。

而我女兒開始注意到這位國際新聞能見度甚高的黑人女性，是因為蜜雪兒・歐巴馬在二〇一〇年平安夜，擔任北美空防司令部追蹤聖誕老人行蹤的接電話志工。身為職業婦女但教養子女不假手他人的第一夫人，對於打電話進來追問聖誕老人「現在到哪裡了」的全美各地孩子，蜜雪兒・歐巴馬接聽電話的一問一答間，展現她高度幽默的溫暖母親魅力，這形象深深吸引女兒們，從此她們開始跟我一起關注蜜雪兒・歐巴馬種種相關的新聞報導與公開演講。

《*Becoming*》中文版《成為這樣的我》與美國同步上市，此書行文流暢、不裝腔作勢、不故作高端，娓娓道來從出生、求學、成為執業律師、轉換職涯跑道、面對不孕的壓力、婚姻諮商的經驗、先生大量差旅對家庭陪伴的缺席、她對第一夫人這角色的期待與作為、她為什麼挺身公開反對川普、美國的困境、她對保障全球女孩受教權的努力……，坦率道出蜜雪兒．歐巴馬她五十幾年人生路的明與暗、憂與樂、面對各種形式不正義的憤怒下，她的想法與行動。如此精采、獨特的歷程，在網路淺薄資訊大量浮濫於手機螢幕的當下，我真心希望它可以列入青少年的寒暑假選書，不是因為它勵志，而是它有別於市面上眾多自傳體裁的深度與視野，當輔導老師打擊她：「你不是讀普林斯頓的料」時，十幾歲的蜜雪兒突破「你不夠好」的膽識，令人難忘。

「成為自己」從來不是容易的事，蜜雪兒．歐巴馬從芝加哥南方沒落社區一路突圍到哈佛法學院畢業生，成為執業律師以後，在奮鬥向上的進程裡，我看到潛伏於她內心對公共事務「具破壞力」的性格。過去律師事務所在招募實習生時，多偏向哈佛、耶魯、西北、史丹佛等學子，但蜜雪兒．歐巴馬卻堅決主張為了讓事務所注入多樣性，為了改變這種失衡狀況，她強烈建議招募團隊也要將目光放在其他公立學校以及歷史悠久的黑人大學法學院學生。她反對成績單出現B或非名校就被淘汰，必須去思考少數族裔學生「如何善用生活為自己帶來的任何機會」，而不以名校和成績來做為唯一的面試選擇標準。

蜜雪兒·歐巴馬這種「顛覆傳統」的見識，她來自於什麼樣的家庭？

她來自於芝加哥南邊的平民社區，一家四口租賃在姑姑家孝親房面積大小的二樓，父親是濾水廠工人，媽媽是家庭主婦。媽媽很早就帶她到公立圖書館讀書認字，從小灌輸孩子正確措辭的重要性，並把一整套《大英百科全書》放在樓梯間的架子上供她和哥哥隨時查閱，在黑人飽受歧視的時代氛圍下，全家人勉力保持「以微小的幸福支撐生活」。父母把他們當成大人一樣溝通，不說教也不圖一時方便就隨意搪塞，在孩子稍微大一點時，開始談論有關毒品、性（爸爸特意告訴他們性愛是快樂的，也應該是快樂的）和生命中的重大抉擇，親子間也討論人種、貧富不均和政治。

身為頂尖名校法學院畢業生，在蜜雪兒·歐巴馬的童年和青少年時期，卻看不到「贏在起跑點」的豐沛資源與菁英化栽培，她不斷回顧父母源源不絕的愛與信任，童年裡沒有體罰與打罵，但充滿了家人團聚的日常幸福。當手頭較寬裕的鄰居們，紛紛搬去郊區或轉往天主教學校念書的家庭，學生人口年復一年越來越黑也越來越窮，蜜雪兒的母親卻壓根不信這一套。她實事求是，認真控制她能控制的部分，堅信她們會在這大家眼中日益貧窮的南岸區，再住四十年；孟母三遷不是她的信仰，她用她的方式養育孩子。

這份母親的從容，令我深受感動。在這母親集體焦慮的年代，蜜雪兒．歐巴馬的成長史，每一段落都值得關心教養議題的你我細讀。請別陷於蜜雪兒．歐巴馬如今那外在的「成功」標籤而以為這本書在談論主流的成功價值，她突破黑人女性在美國社會發展的限制，她對於少數族裔和弱勢階級的關懷與政策推動，她在面對挫折的聰明對應方式，她的奮鬥故事立體而明燦，突破世俗框架、敢於創新，《成為這樣的我》，是一本值得父母與青少年探究的書。

番紅花的再延伸

男兒是不是一定要表現出剛強，女孩一定要表現出溫柔？最近參加一場高中女校畢業典禮，頒獎獎項裡有一項名為「蕙質蘭心獎」，您不妨就這議題鼓勵孩子思考，和孩子進行如下的思辨：

1. 如何明確定義「蕙質蘭心」？試著從紙本和網路字典去查出蕙質蘭心的緣起與造句例句。

2. 作為一個高中女校畢業典禮獎項，「蕙質蘭心獎」適合嗎？

3. 為什麼你認為適合或不適合？

4. 字畝文化出版的《不簡單女孩繪本套書組》，讓你家的男孩和女孩，認識在美國各有動物科學家、船艦設計科學家、白內障雷射手術先驅醫師，和性別一點關係都沒有，不論男生女生，「專注」方為成就之路。

能夠「沒有條件」的愛孩子嗎？

不要忘記自己青春時有多麼迷惘和憂愁。
我總是極力提醒自己，
要同理孩子和以前的我一樣，
是敏感而情感纖細的生物。

兩個女兒小學念的是住家附近的傳統公立學校，校史超過五十年，操場很小很陽春，沒有新穎的硬體設備，也無雙語教學的訴求，欠缺多采多姿的課後社團活動可選擇，最有名的運動校隊是冷門的巧固球，班上同學皆來自於住商混合老舊社區的鄰近外圍。由於小學生年齡還小、生活紀律仍受父母約束，因此即使每個孩子的家境和父母學經歷或有所別，但多數孩子彼此之間的生活經驗，在這所學校相差不會太遠。

直到她們國中畢業通過會考，分發到所謂的「明星高中」以後，班級同學的組成不再是以住家附近戶籍來分配，而是來自北市和新北市的四面八方，算是某種程度打破了「同溫層」，有機會結交來自不同家庭背景的朋友。這些孩子各自承接父母不同的教養方式而長大，下課聚在一起閒聊才發現，有的同學至今仍拿著智障型手機度日也不以為意，有的同學卻從小就拿新款 iPhone 習以為常；有的同學假日出門必須先稟告父母以徵求同意，卻也有些同學行動自由、門禁設半夜十二點；有的同學月考沒考好就被痛罵一頓、禁足兩週或沒收手機，也有些同學是父母超隨和、對分數沒強求、婉聲鼓勵說那下次要加油；有的同學享受手機網路吃到飽、滑到半夜也沒問題，有的同學在家滑手機被嚴格設限，只能央求好友或捷運站、速食店的網路分享；有的同學是父母每天親自開車接送上下學，有的同學早已習慣自己衝鋒陷陣趕火車趕捷運；有的同學手頭寬裕、網購流行衣鞋不手軟，有的同學持著父母給的信用卡附卡吃飯逛街很方便，但也有些家境寬裕的同學零用錢很吃緊、父母禁止孩子開口要求家裡司機接送上下學；有的同學家裡幾乎從來不開伙，從小習慣吃外食，但也有些同學是每天拎著家裡做的早餐和便當盒進教室……。「天下父母百百種」，這句話在公立高中孩子的身上，尤其應驗。

透過孩子分享她們第一手的貼身觀察，我才知道，這一群大台北地區的青少年，雖然是相同分數級距考進去的，卻成長自各種不同面貌的家庭養育模式，資訊快速流動的網路時代，大幅改變萬家燈火下的親子日常。

譬如二十年前的孩子多數九點半已熄燈上床睡覺，二十年後的今天，晚上九點半，有的孩子可能父母才剛下班，有的孩子正在享受溫馨的床邊故事，有的孩子跟爸媽一起玩手機看YouTube，有的孩子在讀小說，有的孩子可能在練琴，有的孩子還在安親班回家的路上，有的孩子正在伏案寫評量，當然也有些像我家一樣嚴格執行準時熄燈不得有誤……。父母的焦慮或放鬆，以及父母本身對生活的想像，譜寫出你我版本各異的養育日記。

因此，當吳曉樂《你的孩子不是你的孩子：被考試綁架的家庭故事，一位家教老師的見證》一出版，立即在父母圈裡掀起了波瀾。這是吳曉樂的第一本著作，在此之前沒有人知道她是誰，然而年輕未婚、沒有任何生產和育兒經驗、台大法律系畢業的她，以其家教多年的親身經歷，將那些她所看到的、光怪陸離又懸疑如小說般真實的家庭教養故事，改寫成九篇生命文本，赤裸裸地呈現在讀者面前，我們這才知道，以愛之名，有些家庭對孩子造成了多大的傷害與壓迫。

長達七年的家教生涯裡，吳曉樂打開一扇又一扇不同的大門，遇見一個又一個殊異的家庭。那大門深掩的背後，有每日為兒子準備雞精、維他命的母親，在收到兒子成績單的當下，卻毫不猶豫地甩出一記耳光；有為了安撫父母，躲在衣櫃裡欺騙別人也傷害自己的兒子；有被媽媽打到怕的孩子；有被父母如皮球般踢過來踢過去、宛如沒有家的孩子；有忙著賺錢而把缺席視之為理所當然的父親；還有為了孝順的意念而謊稱自己有過動症的孩子……。雖然同在屋簷下共生共存，然而，青春期孩子內心的壓力和掙扎，他們害怕被同學排擠、厭惡自己總是被拿來和手足做比較、焦慮於自己永遠達不到父母的期望……，這種種成長過程中的痛，卻入不了大人的心，父母不自覺耽溺於孩子課業成績的表現，扼殺孩子的快樂與探索動力，也扼殺了家人之間本該有的依靠與溫柔，各種深深淺淺的家庭傷害和情緒勒索，遂一幕幕上演。

紙本有紙本的力道，戲劇有戲劇的撞擊與呼應，去年公視邀請六位編劇根據吳曉樂的同名著作，挑選出其中五篇，以微科幻的敘事呈現，改編成獨立影集：《媽媽的遙控器》、《貓的孩子》、《茉莉的最後一天》、《孔雀》和《必須過動》，再由導演陳慧翎以奇幻場景，創造出有別於原著紙本的語言，卻不減傳遞原著的核心價值：「你的孩子不是你的孩子，他們是『生命』的子女，是生命自身的渴望。」

這一系列戲劇播出後獲得極大迴響，讓有些父母冒出愧疚的冷汗，卻也讓有些父母不平吶喊：「我的孩子不是我的孩子，那到底是誰的孩子？」社會輿情可以很容易的指控父母哪裡做得不對，但誰又同情或理解為人父母不得不「過度教養 over parenting」的艱難……。

有時候我會想，如果大人能不忘自己青春時期曾經的迷惘和憂愁就好了。我總是極力提醒自己要去同理十幾歲的孩子，是敏感而情感纖細的生物。正值少年的他，開始思索人生何以存在，他總是質疑讀書的目的，他情竇初開卻情路不順，他渴望戀愛但得不到父母的支持，他無法自拔帶來歡樂也帶來痛的手機網絡社群，他有時懷疑活著的價值、探看自殺的方式，他的校排成績總是起起伏伏、不盡如意，他早已不再對父母跟前跟後、只想著和那些朋友出去，他經常房門上鎖、拒絕父母的善意，他有時暴躁尖銳、跳腳大叫吼著你根本不了解我……。這些衝突沒有一件不棘手，沒有一件不刺傷大人的心，那些哺乳期的甜蜜、幼兒期的黏附、小學時的天真歡顏，是被誰偷走了，曾幾何時，都已悄然遠去。

我不得不懷疑，這世代的母親，恐怕是人類創世紀以來，處境最艱難的母親。人們毫不掩飾地在公共場合或網路上對母職多所責難，許多母親也在網路教養社團裡焦慮地抛出一個又一個管教難題，各方蜂擁而至的回答有時似是而非、真假難斷，從來沒有當過媽媽的媽媽們，沒有一天不是摸索前行，惟恐自己錯失了孩子的「黃金時機」。

內省或反思並不容易，卻是父母不可逃避的修練，「愛孩子有沒有條件」，是我經常對自己的詰問。如果你正擔憂與孩子的關係陷入了以愛為名的箝制，如果你恐懼失衡的親子關係，如果你極力抗拒變質的學校教育，那麼，如果《你的孩子不是你的孩子》挑戰了你的觀影經驗和教養思維，那或許不是件壞事。看完一齣戲或讀完一本書，並不保證帶來圓滿的親子關係，也不承諾我們搖身一變成為好母親，卻能夠幫助我們思索，愛孩子的這一刻，究竟我們內心是否偷渡著有形與無形的條件，脅迫孩子替我們完成自己當年未竟的夢想，當孩子功不成名不就時，我們對他的愛不變麼？

番紅花的再延伸

青少年最容易與父母衝突的點，是「為什麼同學 A 的爸媽可以答應，我的爸媽就不行？」

「比較法」不是孩子的錯，而是他現實生活裡，幾十個同儕的生活呈現，無法讓他不比較，我們必須試著同理孩子的處境與心境，才有往下對話的可能。建議父母入手這本《階級世代：窮小孩與富小孩的機會不平等》，並與孩子共享共讀。

書中透過大量統計資料的客觀證據，深入直視階級鴻溝，讀這本書並不能立即有效消弭孩子的比較心理，但可以幫助親子共同思考除了聚焦在自己和別人的有和沒有，也能關注他者的不平等與不公平，減少自憐自艾，進而產生助人共好的動能。

透視成績陷阱，建立孩子的「自主式學習」

面對孩子升上國中以後在學業成績上的不盡如父母意，父母該如何做，才能在傷害最低的情況下，與孩子共同度過這段學習的暗黑期呢？

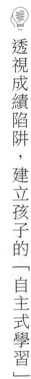

去年八月傳來日本漫畫《櫻桃小丸子》創作者櫻桃子女士癌逝的消息，兩個孩子聽聞此新聞，頓時難掩心中唏噓，忍不住點開 YouTube 頻道，反覆聆聽幼時那跟著唱唱跳跳無數回的主題曲：嗶哩啪啦嗶哩啪啦……。

那可是她們小學放學在阿嬤家寫功課時，最不忘準時收看的電視卡通了。小丸子日常的小惡搞，總是帶給家人麻煩和對小動物的愛心，串聯起無數好笑的劇情，織構了女兒們快樂的童年回憶。隨著漫畫家櫻桃子女士的逝去，我不由得想起那些年我下班匆匆忙忙趕回婆家時，大門一打開，總是看到孩子們黏在電視機前目不轉睛的憨樣，讓我既好氣又好笑，那時她們的成績並不很理想，數學作業有時還會不及格，但所有功課倒是都主動完成了。以「負責性」來看，算是執行得很不錯，但以「品質」或「成果論」而言，則可能讓很多父母覺得「不滿意」。畢竟，多數小學生的日常作業在安親班或父母 double check 的加持下，幾乎都能拿下漂亮的分數，像我們家這樣希望孩子從小學一年級開始，就得逐步學習「自行承擔功課的品質」，以都會中產家庭來說，是較少見的教養模式，有些人甚至會拋出「失職父母」這類的指責與非難。

記得當時有位同為兩個孩子的媽媽好友善意提醒我，畢業總成績是依照平時作業和月考成績一併計算的，如果平常作業成績不夠好，則畢業時能拿到的獎項，會受到相當大的影響；因此，孩子的作業成績也是父母不可輕忽的。

這個善意提醒當時頗令我吃驚，因為我從來沒有想過或焦慮過孩子的小學畢業典禮，會領取什麼樣的名次獎項。市長獎也好、沒有獎也罷，那不是過眼雲煙嗎？在孩子八十年的人生旅途上，根本不會有人在乎或記得她小學畢業典禮領過什麼獎。所以，與其把重心放在平時作業的「成果論」，我更重視孩子在小學階段面對課業的「自主性」；我深信，只有當「自主性」被建立起來，當她升上國高中以後，面對更形艱難的各科目，她們才有能力摸索、架構出一套適合她念書的系統。頻頻 double check 孩子的作業，固然可以立即感受到隔日回饋的分數，但如果拿捏不好，也等於慢性扼殺孩子學習的自主能力。父母難為，或許最難為的是面對孩子作業時，是不是有計畫性的放手吧。

這也可以解釋為什麼許多孩子升上國中以後，課業的學習表現，和小學階段的他，出現了相當的落差。過去在父母積極陪讀或安親班的高密度協助下，加上評量和參考書的反覆操練，孩子小學的課業成績不難維持一定的水準，但國高中的國文、英語、數學、史地、公民不僅在難度上加深，廣度上也增加了物理、化學、生物等新科目，那急遽拉高的深度與廣度，不再是一般學歷的父母有能力去介入或陪讀，補習班因此順勢大量崛起，成為父母安心的符方。然而，青春期孩子不再「唯父母的命是從」，補習班的高壓或填鴨方式也不再如過往安親班可立即看到「效果」，於是心慌的父母，開始指責孩子「不用功不努力」、「成天只想打球」、「就愛玩電動」、「再考不好就禁足」，或開始懷疑孩子不具讀書的資質……，卻沒有意識到這些讀書的挫折，有部分是來自於小學六年受父母的資源太多，「自主式學習」不足的後果。

面對孩子升上國中以後在學業成績上的不盡如父母意，親子之間的衝突一日一日升高，父母該如何做，才能在傷害最低的情況下，與孩子共同度過這段學習的暗黑期呢？

一、父母請務必經常提醒伴侶和自己：不論成績表現如何，都不應當動手體罰孩子。尤其正值青春期的他，自尊心的需求更強烈，回想您自己的少年十五二十時，因考試成績而被父母責打，您可曾釋懷？責打絕無可能讓孩子產生自信，或許可收一時恫嚇和威脅之效，但斷然不能讓孩子產生讀書的動能。

二、一天當中能和青春期孩子相處的時間不多，因此許多父母會無法自制地在家庭餐桌上和孩子討論起課業，說著說著開始責備孩子排名退步了、企圖心不夠、不拚不認真、誰誰誰有多優秀……，讓全家人沒能好好愉悅地享用一頓飯，也讓餐桌上的相聚，就此不歡而散。俗話說「吃飯皇帝大」，我倒認為這句話一點都不俗，它生動而貼切的表達出「吃飯」茲事體大，您曾經那麼在乎孩子的生長曲線圖，曾經那麼在乎孩子一餐喝幾CC的奶水，而青春期的孩子也正值他生長發育的黃金衝刺期，這是他人生發育的最後階段了，您不妨想想，孩子的身心健康以及餐桌溫暖回憶，是否比他現在考幾分還重要呢？因此，父母要克制自己在餐桌上對青春期孩子不經意施予的壓力，吃飯時就放過孩子、放過自己吧。

三、既不能責打，又要餐桌上的和諧，那父母如何調適讓人焦慮的課業成績呢？建議您關掉手機和網路，在平心靜氣的氛圍下，和孩子一起坐下來，討論孩子此刻在學校所面臨的學習瓶頸，由他來主動回應需要什麼樣的資源與協助。例如，他同意他需要補這麼多習嗎？和孩子一起檢視目前補習的成效，聽聽他內心深層的想法，試著由他來安排補習的節奏，補或不補、補多或補少，都尊重孩子的意願，畢竟補習不是為了消除父母的恐懼或不安，而必須是孩子他真心認同的額外資源。

四、國中的學習方式與小學截然不同，孩子「需要時間」去適應拉高拉深的複雜度，更需要建立自主學習能力以接續未來的高中三年。此時他們往往對自己缺乏自信，來自父母的鼓勵與聆聽，是青春期孩子心中最珍貴的情感支援，只有和青春期孩子的關係夠親密夠好，我們所提出來的鼓勵與建議，才能得到他們的支持。緩事則不需急辦，如果您認同培養孩子的自主學習能力需要時間的推進，那麼就和孩子一起討論出時程表，鼓勵他不和別人做比較，只要能夠超越昨天的自己、上個月的自己就值得喝采。訂一個可及的、務實的目標，讓他逐步產生「自信心」，雖然不能保證看到立即上升的成績，自信心卻是他一輩子都需要的心理素質，值得我們拋棄內心的焦躁，等待孩子因為擁有信心而振翅高飛的那一刻。

看到這裡，您可能會覺得「你還是沒有告訴我解方，國中生的課業表現比小學時候差，該怎麼辦？」孩子不是機器人，他是一個敏感的、易感的、猶需父母愛護的生命有機體，因此，沒有專家可提供一套標準的 SOP 來告訴您如何速效速成地提升孩子課業成績表現；但一定要避免做的，就是對生命、情感和親情之間的衝突與傷害。厲聲痛罵責打、情緒的失控發洩、冷言冷語冷暴力，這些來自父母的威權管教，都難以成事。

冷靜下來，給孩子時間，給孩子正向的回應，同理孩子情境的艱難與轉變，鼓勵孩子勇敢面對學習挫折，讓他一學期、一學期地朝目標務實前進，幫助他找到自主學習的節奏，引導他尋獲學習的自信。您問問孩子，這是不是他內心最想要的家庭的愛與關懷？

番紅花的再延伸

如果您在乎孩子的學業表現，那就更不能不了解即將上路的一〇八新課綱，「自主學習」、「素養導向」是新課綱所強調的學習內涵。孩子需要培養解決問題的能力，但從班級群組的留言可看到，大人往往急於為孩子解套，迫不及待為孩子解決他每日的掉以輕心。

孩子和成人一樣，偶爾難免會漏抄作業或忘記帶課本回家，這種錯小時候我也犯過，但媽媽從來不管我。我自己想出來的方案，就是隔天一大早趕緊匆匆忙忙提早到學校去，趁老師進教室前，把作業給趕出來，換句話說，捅出來的簍子，我得自己想辦法解決。

讓孩子面對自己的疏忽，也是一種正面的學習。孩子很聰明也很能幹，潛力亦無窮，培養孩子的自主學習不容易，養成孩子的惰性或依賴性卻不難，大人若貪快貪方便，等不及讓孩子自己善後，久了孩子也就懶了、消極了。

裝在這紅包裡的，是一群孩子的感恩與夢想

在大都會享盡各種教育資源的我們，
是否也該提醒孩子適時的反饋，
付出自己的才華或能力，
讓遙遠偏鄉的孩子，有更多翻轉的機會。

學測考了滿級分的姪子如願考取電機系，因此甫升上大一即成為搶手的家教，鐘點費一小時雖幾近千元，卻仍有好幾個家庭透過人際網絡央求他去「拯救」他們小孩的學業成績。家教費看起來「輕鬆好賺」，但對富責任感的姪子而言，背負的壓力可一點都不小。畢竟考生的時間寶貴、不容蹉跎，為了確保教學效果、不耽誤學生進度，姪子立下他的接案原則，除了不允許自己因過度打工而荒廢學業，遇到有些學生的學

習態度或程度，不適合一對一家教、比較適合自己念或去補習班系統化環境補救的，姪子一定不強求，他會婉轉拒絕並誠實把情況分析給焦慮的學生父母。

知道我從事親職寫作，姪子有時會和我聊聊他在家教現場所觀察到的學生家庭樣貌，雖然少少的樣本數不能代表社會全貌，但終究是他的第一手近距離感觸。最近他接到一個「九年級，男孩，全科目」的工作，地點在台北市仁愛路華廈的某戶人家，家長主動提出支付超出一般行情甚多的時薪，姪子卻認為不該領取高得不合理的報酬，堅持每小時下修減少數百元才肯上工，雇主對他也非常客氣，他的任務就是傾力協助這十五歲男孩在即將登場的全國會考考出好成績，一舉衝上南海路建中紅樓。

姪子來自父母都是公務人員的普通中產家庭，兼家教是為自己未來的留學費用做準備。我問他一邊忙著在系上做實驗寫報告，一邊扛著陪伴學生考進明星高中的壓力，是否吃得消，姪子一貫開朗說壓力還在可承受範圍內，其實這九年級學生的實力已近頂尖，只是他的爸媽仍然不放心，希望透過家教的力量去穩固他既有的實力，有補有安心，有補有勝算。頂著學測滿級分的光環，姪子從來不用愁去哪裡找學生，而踏進華夏的那一刻，讓他首次強烈感受到資本條件差異所形成的階級化是如此明顯。他嘆了一口氣說，那些家庭資源較少的孩子，不論升學考試或就業，如何拚得過這些全方位菁英栽培法的孩子呢？從起跑點開始，就注定是遙遠的差距了⋯⋯。

也因此，當我在「台灣野望自然傳播學社」的粉絲專頁上，看到花蓮縣萬榮鄉西林國小的孩子，持續觀賞免費的野望影展長達六年，有感於自己每年從這些獲得國際獎項肯定的科學影片，得到很大的觀影樂趣和生物科學知識，他們決定捐出自己的零用錢給野望影展當勸募基金，以便影展單位能夠有經費繼續運作下去，讓更多更多像他們這樣地處偏遠的小朋友，有機會觀賞到在國際上掄獎的精采影片。

西林國小的孩子們，自發性地把零用錢裝進那最普通的傳統紅包袋，紙袋上沒有印製任何花稍圖案，只以原子筆在又素又醜的紅紙上，簡單手寫了「贊助野望影展／西林國小六年甲班」，字體一顆一顆大小不一卻流露出一派的樸拙天真，那肯定是這麼多年來，我所見過最觸動心弦的紅包袋。

我知道花蓮縣萬榮鄉是個渺遠之境，過去我甚少聽過與它相干的報導或故事，因此我連上萬榮鄉公所網站，試著去了解西林國小這故事背後的人與土地。因而知曉萬榮鄉位於中央山脈上、支亞干溪畔，平均海拔約六百公尺，鄉內居民以原住民太魯閣族為主，經濟作物為常見的稻米、花生、玉米和小麥。西林村有個支亞干遺址，根據花蓮縣文化局的資料，此遺址地表遍布玉石廢料，早在一九二九年就被鹿野忠雄所發現，除了二子山溫泉，不見其他搶手熱門觀光景點，是個有很多太魯閣孩子的靜謐之處。

然有位密子老師，選擇在這裡陪伴說著漢語和太魯閣語的孩子們成長，每年他會把當年度野望影展所有的二十支影片，一一介紹、解說給孩子們聽，之後再交由小朋友自主投票表決，選出他們心中認為最好看、最想看的片子，隨後野望影展再將影片送達此偏山，放映在這一群善跑善跳善歌善獵的孩子們眼前。

或許是血液裡天生流動著獵人的奔騰，也或許是至今仍不時目睹家人和長輩出外打獵的身姿，去年這群太魯閣族小朋友所挑選的最愛影片，是《獵食者：最艱難的挑戰》（*The Hunt: The Hardest Challenge*）。這部英國影片曾獲二〇一六最佳大型劇組攝影獎、最佳剪輯獎、最佳音樂獎，光聽獎項就知是支不得了的好片子。透過大衛・艾登堡爺爺引人入勝的介紹，讓觀者一窺各種獵食動物所展現的力與美，看見獵與被獵，看見殘酷的生與死，也看見生命的原動力，呈現得如此流暢，腳木和鏡頭俱皆巧妙擄獲觀者的心和眼，雖然不會讓人哈哈大笑，卻讓人屏住呼吸，嘆賞連連。

我讀到有個西林孩子，這麼寫下他的觀影心情：

最讓我感到最刺激的部分是花豹捕瞪羚的那段。因爲他們的狩獵技巧很強，且瞪羚也跑得快，所以花豹一向慢慢的來才以自身的爆發速度獵殺，我覺得非常厲害。如果我是影片裡的花豹，我會以更慢的速度接近，因爲影片裡的花豹是還蠻快的，且一直被發現，所以我希望他可以以更慢的速度獵殺。

雖然這六年級原民孩子沒有早慧燦爛、多情多感的文筆，未運用精緻華彩的詞彙，標點符號下得也不夠精準，但透過影片他把他自己想像成「怎麼做才會是一隻狩獵技巧更完美、狩獵結果更有效率的花豹」，他覺得如果把速度再調慢，就會是隻更厲害的花豹。這種想像力的延伸，輝映出孩子內心對自身傳統文化的肯定和信心，而一流科普影片在大銀幕所全力展現的藝術性與視覺美感，我相信也把大量的生態知識，年復一年，傳輸到西林孩子的腦海裡。

這正是野望影展的價值。它不該只放映於國內各大城市的博物館、美術館和學校，它應該要讓迢遙偏僻地方的孩子們，也能共享這美好的資源。七年來，帶著散播的理念，野望影展走得何其遠何其偏復何其深，不只是萬榮鄉的太魯閣族，還有宜蘭縣大同鄉的泰雅族、花蓮的達吉利部落、屏東車城……，都有野望影展來了再來的足跡。

那來自原民孩子的金錢反饋，是因為這資源鼓舞、拓展了他們的視野與經驗。身在大城市的我們，有參加不完的文藝活動、講座和公共圖書等資源，很難想像看部影片有什麼大不了，從小抱著爆米花和可樂進電影院的城市孩子，如何理解一年一部野望影展，對偏鄉孩子是何等的珍視與渴盼？

裝進這紅包袋裡的，何只是一群孩子的感恩。還有他們閃閃發光的夢想、一位偏鄉老師的熱血，和 NGO 組織的執著所帶來城鄉差距的微縮。這一筆錢不多，卻見證台灣東部一隅與教育有關的感動故事；當西林孩子慨然拿出零用錢表示他們的反饋心意時，在大都會享盡各種教育資源的我們，是否也該提醒孩子，適時的反饋，以自己的才華或能力為 NGO 組織募款，讓遙遠地方的孩子，有更多翻轉翻身的機會。

番紅花的再延伸

成為野望影展的鐵粉，意味著每年六月就開始引頸期待今年引進的新片單和放映時刻表。做為一個非營利組織，野望影展不僅免費嘉惠大都會孩子，也免費深入到偏鄉校園，那麼我們來和孩子一起想想：

1. 什麼是 NGO 組織？它的英文全名是什麼？如何定義 NGO 呢？

2. 台灣或國際上有哪些 NGO 組織，是你認同或大力支持的？

3. 試想舉辦一個國際紀錄片影展，可能會有哪些費用與支出？

4. 我們可以有哪些作為，來支持我們喜歡、也經常從中受益的 NGO 組織呢？

思考「放手」的艱難與必要性

究竟孩子要長到幾歲，
父母才願意「放手」讓他自由地飛？
你是否打算鬆開你緊緊握著的那條線，
放手讓他成為一個「大人」了呢？

如今「手機」的超時上癮使用，成為許多夫妻或親子之間引起衝突的地雷區。女兒上了高三以後，為了專心彌補高一高二忙於社團活動的學業落後和緊接而來的學測大考，她和我達成協議，暫時把智慧手機束之高閣，改用無法連結網路、沒有任何APP、連照相功能都悽悽慘慘戚戚的古董款摺疊式手機。而這一整年與手機和社群軟體「分手」的日子，她戲稱「將帶來久違的清心寡慾」。

L.L.Bean

週五晚放學回家，她突然從書包裡拿出一支閃閃發亮的 iPhone X ，是好友小敏主動交給她帶回我們家保管。這些年小敏的父母一直讓小敏享有「網路吃到飽」的海闊天空，然而隨著大考迫近，小敏日漸感受到「讀不完」的壓力與焦慮，但手機在身，一天又一天的天人交戰，想專心讀書的意志力，最後總是敗給了「滑一下下就好」的魔鬼誘惑。小敏認清了自己在手機面前的軟弱，她決定讓她的手機在週末來到我們家，如此至少有三天兩夜的時間可心無旁騖的衝刺進度，仿效我家女兒的「考前清靜生活」。我不禁為小敏這孩子的自我認識，與她自行發展出來的脫困方法莞爾，比起很多大人，我認為小敏很務實地面對她手機成癮的問題，而這務實的態度，也是她邁向獨立自我覺醒的一步。

在成長的路途上，每一個人都會犯錯，父母很難眼睜睜看著孩子犯錯而不出手干預，但孩子如果從來都不出錯也很可怕，無菌無味無臭的成長歷程不會帶來勇敢，當我們在談論孩子的「獨立性格」時，如何捨得放手讓孩子享有犯錯的機會與空間，是少子化的我們，必須正視的親子課題。

交大校長張懋中在前年的一篇媒體專訪，提到大一新生開學時，曾經有新生媽媽陪孩子來學校宿舍，跪在地板幫孩子擦地、整理房間，張懋中認為「太舒適的生活，會讓孩子缺乏改變的動機，沒有生存的危機感，就不容易進步」。由於我家老大也剛成為大學新鮮人，我想父母出於關心而陪伴子女去觀看他未來寄宿的生活環境，此乃無可厚非，但父母若無法遏止自己動手跪地幫孩子打掃房間的渴望、也沒有替孩子考慮到其他室友可能產生的負面觀感與評價，甚至孩子不知不覺將父母打掃宿舍的行徑視之為「理所當然」而不感到「丟臉」或不在乎同儕觀感，那麼，這孩子成年之路與「獨立」的距離，可見多麼迢遙了。

保護子女是父母的天職與天性，但「放手的智慧」亦是父母的必修。大人最忌低估孩子的能力、否定孩子的可塑性，其實孩子多有他天生能幹的一面。我從七八歲開始進廚房，媽媽訓練我漸進學習「刀裡來、火裡去」的烹飪工事，因此我很早就體認到孩子並非如我們想像中的那麼脆弱、容易受傷，我們越不捨得放手，越是剝奪孩子他邁向獨立、培養自信的時機。

究竟孩子要長到幾歲，父母才願意「放手」讓孩子飛、才相信孩子有處理事情的能力、才願意讓孩子體會非溫室的真實生活呢？當他十八歲上了大學，你是否打算鬆開你緊緊握著的那條線，放手讓他成為一個「大人」呢？

九月底是大一新鮮人的體檢日，依學校規定，新生必須走完全部的體檢流程，才算完成報到手續。我在家長 Line 群組，讀到一則家長建議，他說依往年經驗，體檢當天由於新生眾多，因此總是大排長龍，為了不讓孩子在豔陽下辛苦排隊排太久，他熱心分享以下兩個方法：

「父母可早點出門去學校幫小孩排隊，或是，乾脆放棄學校的體檢優惠價七百五十元，直接花一千五百元到外面的市立醫院做體檢，大人和小孩既不用排隊苦等曬太陽又節省時間，多花這七、八百塊錢很值得……。」這則訊息讓我大驚，我們一路把孩子養育到考進頂尖大學，十八年來不知費了多少心思與資源，大一也該是放手的時刻了，父母卻還眷戀繾綣、樂於成奴，剝奪孩子獨立成人機會猶不自知。

我悄悄離開群組，想起我家老大在新生入學這件事的處理方式。

收到入學通知以後，所有報到、註冊手續她一手搞定，任何來自學校的郵件我沒有讀過，只見她要不家門進進出出，要不就經常抱著筆電上學校網站進行一堆線上作業。這中間我不是不擔心沒當過大學生的她，萬一因為經驗的匱乏而漏了什麼重要環節，導致失去新生資格，那如何是好！茲事體大、風險冒不得，我是不是該出手幫她看頭看尾些什麼？然我壓抑住自己內心的這份焦慮，我告訴自己，三十年前因為家母不識字，所有的新生報到流程也是我自己獨立完成，如今孩子比起當年的我還多受栽培還更聰明，她沒有理由處理不好她的新生報到手續，我不應該小看她。

我對女兒說，大一生活已離我非常非常遙遠，註冊手續我恐怕幫不上任何忙，請她務必仔細研讀與報到有關的所有細節（不論是信函或網站上的任何通知），千萬別拖延任何一樣手續的「截止日」，何時報到、選課期限到何時、新生體檢日、註冊繳費期限、規定要修多少學分、寫信給教授……，這些她都得自己放在心上、逐樣一一完成。女兒回答我，這麼重大的事她當然戒慎恐懼、不容任何失誤，叫我別擔心，要相信她做得到。最後她確實順利完成所有新生入學手續，歡欣迎向大一新鮮人生活。

相對於那位捨不得孩子新生體檢日在豔陽下排隊的父母，顯然我為孩子做得荒謬的少。但有能力考取大學的十八歲孩子（其實已可稱之為成人了），卻不能親自去操作、體會入學繁瑣手續背後的考驗，豈不遺憾麼？當代孩子是被過度保護的孩子，也是被過度剝奪的孩子。

「放手」這兩字在家長群組圈裡一再出現，在教養書裡一再被論述，充分顯示「放手」太難，以致它成為全球的教養關鍵字。我自己也不間斷思索是否還有更多的放手空間？我是不是直升機父母？我有沒有為孩子做太多還沾沾自喜自己是好母親？我是否扼殺孩子自主發展的能力而不自知？人性崇尚自由，以愛之名，究竟我剝奪了孩子多少自由？

「過度教養」（Overparenting）的痕跡在家長網路社群的討論串處處可見，我們強力介入孩子的生活，我們樂此不疲為孩子打理大小事，愛與放手的界線日益模糊而沒人說得清楚，因此這本書《如何養出一個成年人》值得細讀。

作者茱莉．李斯寇特—漢姆斯（Julie Lythcott-Haims）畢業於哈佛法學院，曾任職史丹佛大學新生與大學部輔導主任十年，自己也育有兩個青春期孩子，她甚至公開承認自己和那些她曾經輕聲譴責的過度干預孩子的父母沒有太大不同。我們以「高度參與」的養育方式，讓自己及時看到「短期的結果」，「過度教養」已然成為中產階級的親子生活常態。透過這本書的提醒，也許我們可以停下來想想，孩子是否被我們妨礙發展「自我效能」（self-efficacy）的重要心理特徵，也就是他有沒有「個人對於自己具有充分能力可以完成某事的信念」？

孩子需要被栽培，但他們也需要在這個世界裡發展自我認知，知道怎麼樣靠自己處理事情。如今孩子幾乎失去即席、自由的遊戲，他們的遊戲多半是正式的、有大人監督或指導的，他們經常待在結構化的環境與室內，「自由」總是被蠶食，「遊戲」總是被教養化，並且經常重複過量的作業與考卷練習，卻極少在家庭裡學習到生活技能。

雖然這世上沒有標準的父母使用手冊，「過度教養」這幾個字也不討喜，但我們要如何脫離孩子「不能成功」的恐懼，思考「放手」的艱難與必要性，監督自己「養出一個成年人」，讓孩子在跌跌撞撞中長出健壯的翅膀，讓孩子具備多元且肯定自我的生活能力，是我對教養不變的期許。

番紅花的再延伸

大約二十年前，孩子們之間所謂的「遊戲」，是天馬行空的、獨力完成的，缺乏事先完善計畫的且不具教養目的，他們總是和鄰居小孩隨機去沙地、公園進行任何形式的探索。

但這一代孩子，因為父母少子化的拚教養或出於疼愛，遊戲方式大幅改變，幾乎時時可見父母從旁陪伴、協助與用心規畫，每個場域都可看到大人相伴的身影，甚至玩伴也是從父母的人際關係過濾出來，不再是過去由孩子自行組織的遊戲團體。

如果是你，你會想要選擇什麼樣的玩耍方式？

或許我們可和孩子一起坐下來討論，有哪些事、哪些時光讓他自己或和其他小朋友一起自由進行，而不需要父母的陪伴、指導或場控？

現在連孩子的遊戲時間都被期待有教養功能、有栽培意涵，遊戲已經不再是單純的遊戲了。

你眼中的冷門出路，是孩子眼中的夢想歸屬

關於未來，我們懂的不一定比孩子多啊！
讓我們把人生經驗裡所習得的挫敗或灰暗，
轉化成孩子翼下的風，
而不是他追夢路途上的石頭。

就像婚姻在每個不同階段會帶給你或者痛或者甜或者酸或者樂的領悟，養育孩子也是一樣，越被鼓勵「你要有自己想法」的孩子，擅於和父母「談判」或「協商」的能力就越高，而這可不一定是讓父母感到舒服的經歷。例如孩子上了高中以後，升高二前得先決定選填大學的第幾類組，在孩子心有定見的情況下，你會放手尊重他現下的決定，還是會干預、要求他選擇所謂「熱門」的組別呢？如果此時孩子想讀的是「冷

門」、「不賺錢」的系組，他強力捍衛夢想，不肯接受你的建議或安排，此時你會全力支持或祝福嗎？

許多資深父母回顧育兒史，都同意「育兒的喜樂黃金期」是在幼兒階段。那時孩子會打電話到辦公室癡癡問馬麻你幾點才回來，他會每晚纏著你摟著你要求抱抱擠在一起睡覺，他熱愛塗鴉一張又一張歪歪扭扭的愛心卡片寫滿 I love you，只要你帶他去公園溜滑梯他就笑嘻嘻，哪怕只是弄個家常簡易版火鍋他也不吝盛讚好好吃，夜裡為他朗讀一本安東尼布朗或艾瑞卡爾就能博他心滿意足的一粲。這些微小細膩又輕而易得的甜蜜回饋，其實並不天長地久。當孩子長成十幾歲的青少年時，他們驟然改變了愛的形式，臭臉是他們一逕的標準裝置，在他們眼裡爸媽忽而成為「威權」或「軟性威權」的象徵。

因此，從高一要選哪一類組、高二花太多時間在社團、考試成績驚人的下滑、高三逼近大考了還在整晚滑手機……，這類衝突在許多家庭不斷地上演，孩子在青少年時期所帶來的育兒黑暗面，沒有體驗過者幾希呢？

經過我們十幾年積極的養成教育，孩子果真如父母所願「擁有獨立思考的能力」，他們離開 FB、另立 IG 沒打算邀請你（我聽過青少年跟媽媽吵架時抗議大喊，FB 不就是你們大人炫耀小孩考第幾名領什麼獎參加什麼比賽的地方麼！），他們不再有空陪父母去公園散步吹吹風，他們總是無法自制的發脾氣，他們心事再多你也不再是他們願意吐露的第一順位，親子關係逆轉為緊張而脆弱，我身邊就有兩位媽媽好友因此焦慮難安，求助專業的心理諮商。

身為孩子已上大學的過來人，我經常婉勸家有青少年的父母，雖然我們內心不容易擺脫對孩子升學考試的期待，雖然考取一間所謂的「好大學」，是許多父母經過漫長十幾年「養育軍備競賽」的最後一哩路，但因為成績、考試而和青春期孩子頻頻起衝突，我以為是人世間最不值得的情感糾纏。一旦親子衝突所累積的負能量太厚，難保這即將接近成人狀態的孩子，默默將你逐出了心房。父母疼愛孩子一輩子卻讓孩子認為你不懂他、你眼裡只有分數和成績，這樣值得嗎？

記得女兒在高一下學期得交回大學類組選單時，她是這樣帶著很強的防衛心和我「談判」的，她說：

一、我們班有很多同學說他們爸媽規定一定要選第三類組，他們認為這是為小孩的前途好，第三類組比較夯比較有出路、薪水比較高，現在才高一還有很多時間可以拚讀書……，我希望你不是這種爸媽，我但願你沒這麼想、也別這麼做，以前你常說「人生如果沒有夢想，和叉燒沒什麼兩樣，我有我的夢想。」

二、對於未來要讀的科系我已經有自己一幅清楚的藍圖，雖然很冷門，但那就是我的興趣，我只獨鍾它。如果到時候我分數考高了，我希望你別說出「高分不可低就」、「高分低就太吃虧」這種話來企圖改變我。媽，我要先跟你說，商管或法律固然是大熱門，但有名有利非我所愛，就算我分數再高也不會考慮轉彎的，你不要試圖用各種軟硬兼施的大人語彙來逼我。

我什麼話都還來不及說呢，就被女兒這席話給震住了。當時她才十六歲，這一番和我「談判」的攻防戰略，顯然她心中已不知演練過多少回。突然聽到孩子堅決表示大學志在就讀所謂的「冷門科系：社會系」，我擔不擔心？我該不該像她很多同學的父母一樣說「不可以」、「你再重新考慮」、「我是為你好」、「你以後一定會後悔」這類的話呢？

沉吟了十分鐘，我接住女兒的球，這樣回答她：

一、如果你對於選讀哪些類組科系感到徬徨，想聽聽爸媽的意見，那歡迎你隨時來找我們討論，雖然我們不一定完全掌握時代的脈動，但總是有些過來人的經驗可以讓你參考。

二、如果你對於自己未來的志向有堅定的想法，你也了解自己的志向是偏冷門的選擇，那你放心媽媽不會阻擋你，但你要勇敢地在那個領域盡你所能地爬到最頂尖，然後不管成功或失敗，爸媽永遠支持你，回到家裡永遠有飯吃。

三、如果你不排斥多一點的建議，那麼媽媽想提醒你不妨慎重考慮修輔系或雙學位，讓自己有跨領域的學習和格局。至於今天這張單子你要填一類、二類還是三類，你要念文學院、社科院、理工學院還是商學院，我都會直接簽名同意，不勉強你或讓你感到我企圖影響你的壓力……。

就這樣沒有發生女兒預期的衝突，她順利如願地選填第一類組，把單子交回了學校。她知道天下父母都期望孩子走安全順風的路，這我不是不想，但阻擋孩子的逐夢之路，也不是我的為母風格。

與其守住舊思維，半逼半就孩子去攻讀父母熟悉的領域，不如我們多花點時間、多做點功課，去了解當今世界的脈動。我們對於新世代未來職業的可能性，往往局限而欠缺想像力，造成我們對孩子的「栽培」或「期望」，與他們自身的熱情所在，產生了落差。也許我們必須坦承此刻年近半百的你我，對職業、生涯的理解，還停留在醫生、老師、教授、律師、建築師、會計師、精算師……等等沿襲數十年印象的傳統職業，對於未來世代的產業之多元、寬廣、浩瀚，我們是陌生的。

以氣象達人彭啟明為例，過去我們對「大氣科學」畢業生的出路，不外乎報考氣象局當公務員或是進電視台當氣象主播，那是一個冷門科系所帶來的安全人生。然而，彭啟明他知道自己的個人特質不適合穩定、保守的公務員生涯，經過一番深思，他決定走出舒適圈，拋下博士學者的身段，挽起袖子，在「前無古人」的情況下自行創業，當時在國內哪有人聽過什麼「氣象顧問公司」、「客製化服務的氣象預告」，對於氣象，我們還停留在只要看中央氣象局今天「最高幾度、最低幾度」、「降雨機率是多少」就好，氣象預告是免費的，焉有需要付費的商機。

經過多年的努力奮鬥，熬過了創業初期的低潮與挫折，彭啟明終於成功將「氣象」生活化及產業化，他創立台灣第一家民營的「天氣風險管理開發公司」，打造出他人生和這產業的新藍海，過去我們從來沒有看過這樣的公司型態，卻由彭啟明向世人證明即使是當年的「冷門」，也能創造自己的輝煌。

還有很多很多的職涯舞台，超乎你我這一輩的人生經驗所能理解。例如YouTuber、網紅，例如「食物設計師」。什麼是「食物設計師」？父母不妨去網路上做功課找答案。還有「古蹟修復師」也在國內外蓬勃興起，如果你想初步認識這個行業，可以讀這本《我在故宮修文物》，或是上網看國立歷史博物館聘請修復師修復常玉畫作的珍貴影片，你會發現，原來「古蹟修復」專業人才在當代不僅重要，而且受人敬重；當然，農業、飲食隨著世人健康意識和環保理念興起，始終是門值得關注的領域，長照和銀髮族產業也對全球高齡化國家閃亮亮招手……，這世界以無限的可能在邀請年輕世代去闖蕩，因此，當孩子有想法說他未來想念這個那個非主流熱門科系，也許不能讓父母安心，也許不符合父母心中的期待，但父母要跳脫出自己的成長框架，傾聽孩子內心的聲音，全力支持他向上飛。

關於未來，別再自認我們懂的一定比孩子多啊！讓我們把人生經驗裡所習得的挫敗或灰暗，轉化成孩子翼下的風，而不是他追夢路途上的石頭吧。

番紅花的再延伸

當孩子想要就讀「冷門科系」，父母通常會依過往的人生經驗婉言相勸或強力阻止。前幾天我問女兒，在你們這一代高中生的世界裡，哪些是冷門科系呢？

女兒秒答，森林系、昆蟲系、歷史系……，一堆不能發大財的系，都是冷門科系啊。

當 AI 人工智慧正逐步挑戰人類百年來的生活方式與職場演化，我們也要鬆動自己長久以來對冷門科系的理解。例如念昆蟲系的吳沁婕，如今是國內炙手可熱的昆蟲帶隊老師；念森林系不僅可考林務局，事實上園藝產業也日益受到追求自然生活人士的重視。時代變化太快，新工作、新產業源源不絕，孩子與其在熱門科系裡載浮載沉，不如讓他在喜歡的冷門科系裡發光發熱。

成功的面貌不會只有一種，父母請成為「支持」的角色，讓孩子無後顧之憂地往前奮鬥。

別讓你和你的孩子，一起被分數綁架

比起過度在意分數競賽，
重要的是，你是否願意讓孩子的日子充滿「故事」？

冬日寒雨的黃昏，手機叮噹響，是補習班傳來的訊息：「您的小孩已於17:52進班」，我忍不住抬頭望向窗外暗沉的天空，女兒一放學即搭公車奔向補習班，此刻在那一兩百個青少年擠坐一起的大教室裡，不知她是否有時間吃晚餐？又吃了些什麼呢？再過三十天就要學測了，壓力一定很大吧，她的心情會不會很亂？育她十七年，今年應該是她人生最沉重最難熬的時光，她不再能想打球就打球、想看漫畫就看漫畫、想看電影就看電影、想睡多久就睡多久，所有娛樂和開心的事都被按下暫停鍵，此刻活著的最大任務，好像就只剩下讀書考試。

這是學測前所有高中生的悲情。所以我常說，我們至少讓還在小學階段的孩子，玩得多一點、玩得瘋一點，替孩子想想，生而為人八十年，能夠無憂無慮的大玩特玩，也不過短短十歲以前。

好友的孩子今年就讀小學一年級，期末考甫結束，她看到孩子發回來的考卷分數「不盡理想」，不禁感到挫折，畢竟媽媽自考前半個月即擬訂戰略進度，每天用完晚餐，就陪孩子坐在書桌旁訂正學校作業、然後加碼寫自修和評量，這是許多小學生家庭常見的生活畫面。但經過這番努力，孩子考出來的各科分數卻落在八十至九十分之間，媽媽失望之餘，決定寒假開啟「補救教學另一章」，除了懲罰孩子一段時間不能看卡通不能打電動，同時每天再依進度伏寫新買回來的評量卷，務必要孩子練習到純熟應答國、英、數三主科，媽媽說「勤能補拙」，大家都建議寒假把進度補救回來，這樣才能信心完備地迎接小一新生下學期的課業與考試。

身為過來人，我很同理這位母親的焦慮，很想拍拍她的肩告訴她，其實孩子的表現已經很不錯，八十幾分並不是他落後，只是無法化解大人心中那股被比較的恐懼與不安。雖然在班上有那麼多孩子考了滿分或接近滿分，但「提早往前衝」是別人家的事、別人家的日子，我們為什麼不慷慨給予孩子「慢一點」的空間呢？八歲、十歲的「慢一點」，可不一定等於一輩子的落後於人，更何況快者有快者的苦，慢者有慢者的樂。

如果我們願意拉長孩子活到八十歲的人生軸來看，決定孩子人生幸福的幾大因素，他小學的考試分數，其影響幾乎是零吧，不論是大學甄選、謀職面試、追求愛侶或自立創業，在這些人生關鍵時刻，我們都知道小學成績完全派不上用場也不具任何參考值。

時至今日，許多父母仍被小學孩子的成績單分數緊緊綁架著。在公車上看看那些七歲小一新生，多麼可愛宛如一場不忍醒來的夢，這年紀的孩子，心中摯愛爸媽如火，來自父母的一個擁抱、一個親吻、一段睡前故事，都足以融化他的心，孩子是那麼在乎父母的感受，也無力抗拒父母的焦慮和「目標式教養」。平均身高僅一百二十公分的他，鉛筆字總寫得讓大人覺得醜、數學算式總是粗心、背英文單字的速度不如大人所願得快……，這些本都是七歲孩子學習過程難免犯的錯或快不起來的成長階段，似乎都被緊張惶惑的現代父母給壓縮了，尤其看到別人家把起跑點往前拉時，大人就越難欣賞自己孩子「慢慢來」了。

我自己在養育兩個孩子時，坦白說，也曾焦慮於普遍瀰漫在孩子群體之間的那股「比較」壓力，中產階級養育孩子，那壓力真是無所遁形。每年校慶活動日，教室牆壁多會懸掛全班每個小朋友的圖文日記，當時我一本一本地瀏覽過去，欣賞到少數早慧孩子令人讚嘆的早熟之作，也看到不少孩子的創作本，這裡那裡潛藏著安親班或父母動手鑿錯的痕跡，因此圖文日記的風情失之天真，筆法整齊世故，但倒也獲得老師不錯的分數。相形之下，鼓勵孩子自由寫作、不求早慧、但求童真自然的我，在當下的比較之中，面對孩子作文分數並不亮麗的結果。

面對這「窘境」，一開始我也瀟脫不起來。畢竟我的職業是寫作者，出手去指導孩子讓她的作業以更熟潤的面貌掛在牆上給大家欣賞，對我來說並不困難。然而，我又深深喜愛孩子那未經修飾的質樸用字，處處散溢著欠缺嚴謹起承轉合的童趣，這是多麼難得的「傻時光」，以後她再也寫不出這種傻里傻氣的味道。雖然和別的同學作品比起來，不夠穎慧卓越，但我告訴自己，當整個社會都催促孩子提前起跑時，我更不該被激化去剝奪理當給予孩子的成長時間，我必須願意承擔孩子作文分數暫時居於「劣勢」的當下，還給她書寫日記的快樂與自由。

重要的是，你是否讓孩子的日子裡充滿「故事」？如若他的生活經驗豐富、表達能力正常、懂得玩、經常動手做、有閱讀嗜好，時候到了，他自然不難寫出流暢得體的篇章。我想，在這快走快轉的時代，不是他太慢，而是有些人太快了，那些慢慢走的孩子，或許沿途觀察到更多、更美、更刻骨銘心的風景，走得快，又能看清楚些什麼呢？

一個過度熱衷討論小學生考試分數的社會，是褊狹的，孩子身邊有許多事比分數更重要，卻可能未受到大人對等的重視與關注。回首來時路，我很感謝母親在我幼年時教會我煮飯種菜，帶給我一生的技能與五感生活品味；吳季剛是因為他的父母從小觀察出他在設計方面的才華；江振誠是因為從小男孩伊始，跟著媽媽在廚房裡進進出出而產生出興趣；被雨果稱為「昆蟲世界的荷馬」的法國博物學家法布爾（Jean-Henri

Casimir Fabre），他幼年時總是在山區晃晃蕩蕩，花了大把的時間觀察昆蟲；而在阿拉巴馬州鄉下度過童年的「生物多樣性之父」愛德華．威爾森（Edward Osborne Wilson），當今世界最負盛名的生物學家之一，他也是從小就擁有很多時間做自己喜歡的事——在森林閒晃抓蛇看螞蟻。

當我們以「我是為你好（It's All for Your Own Good）」的理由，將目光過度聚焦在分數競賽時，也就同時限縮了孩子多元生活面貌的可能性，無異提早宣告孩子「童年」的結束。「童年」的定義值得你我深思，根據聯合國兒童基金會在兒童權利公約為「兒童」所下的定義，是指「十八歲或以下的人」，對待孩子，我們還停留在「勤有功，戲無益」的傳統經文觀念嗎？我們蠶食了孩子的童年了嗎？孩子是「天生的遊戲專家」，但他每天都玩得盡興嗎？我們在不在乎還給孩子「真正的童年」？我們是否美其名希望孩子過得「充實」，而忽略他們應該擁有自由遊戲的時間與權利？

夜深人靜時望著孩子熟睡臉龐垂下來的柔軟睫毛，我們不妨問問自己，童年短暫，相聚時光越來越少，除了分數，還有哪些事能帶給孩子真正的福祉？

番紅花的再延伸

您有沒有注意到孩子的生活正往課業和考試端明顯傾斜？有些大人害怕孩子「耍廢」、「在家沒幹嘛」，關心孩子分數之際，我推薦以下兩本適合親子共讀的繪本，一起來思考兒童人權的真義：

1. 《街道是大家的》：發生在南美洲委內瑞拉的真實故事。一群小朋友因為居住地方連個遊戲的區域都沒有，他們聯合起來喚起大人的注意，讓遊戲場變成所有人共同的事。即使是孩子，對於自己的生活環境也可以有自己的主張。

2. 《我吃拉麵的時候》：當我們在吃拉麵時，地球上其他人正在發生什麼事呢？隔壁的貓咪在打哈欠，隔壁的隔壁有人正在看電視……，隨著空間不斷拉大拉遠，我們發現同一個時間裡，世界各地不同境遇孩子的喜怒哀樂。

菜市場的文學課，傳遞五感享受

從我的選書方向，可以看出來，
我不願意低估孩子的閱讀能力，我相信只要掌握到故事性，
即使是主題冷門、非娛樂性、知識含量高的書，
一樣可以被孩子們接受，
重點是如何把紙本內容和實際生活相結合。

為了讓寒假「漁市場的文學課」豐富、立體、有趣，我在規畫活動內容時，爬梳了不少史料和書籍。走馬看花不可取，我希望這一趟傳統漁村的小旅行，能使小學員們認識南方澳「鯖魚之鄉」的美麗，建立「海洋文化」的概念，跟著傳統打漁人家動手實作「飛虎魚丸」，並且展開與海洋相關的深度閱讀。換句話說，這是一個「金三角」，讓孩子從漁港、廚房和書房的維度，真正認識「漁」的意象和精神。而我自純

文學和科普這兩端為孩子選的書，一本是海明威獲諾貝爾文學獎的小說《老人與海》，另一本則是國內科普作家張東君所寫的《爸爸是海洋魚類生態學家》。

中篇小說《老人與海》是美國現代文學經典，海明威的文筆簡潔而充滿力道。這本小說的主角「馬林魚」，就是台東成功漁港最重要的冬季漁獲「旗魚」，因此我除了和孩子們一起討論這本小說的敘事風格與動人之處，並帶著他們共同賞析公視所拍攝的成功漁港紀錄片《戰浪》，讓孩子們一窺這即將失傳的老漁民「鏢旗魚」的獨特漁法。我相信這一整套的活動規畫，讓孩子們經過漁港踏查、紙本與影像的多面向交流，從此對旗魚和海洋，自有深刻而清晰的體認，我把我對於市場和文學的愛都傾注在這課程設計裡。

而為什麼指定孩子們讀《爸爸是海洋魚類生態學家》呢？這本沒有注音符號的繪本，係張東君為她父親——台灣第一位推動人工魚礁的學者張崑雄（曾任中研院細胞與個體生物學研究所所長），所寫的童年回憶錄。文字工作者陳琡分於博客來Okapi採訪張東君的文章中曾提及，這本書「不只記錄了童年的她與父親互動的點滴，也間接讓讀者知道，早在一九七〇年代，台灣就已投入海洋魚類資源的永續經營。」這本二〇一三年出版的繪本，讓我的兩個女兒了解到食物鏈、人工魚礁、海洋牧場等海洋知識，我自己也從書中的父女互動，看到一位學者父親睿智的教養態度：「孩子應該得到的知識深度，不受年齡限制。」而採訪文章也深刻寫下這位父親如何以實際行動落實：「為了回答女兒的疑惑，只要工作環境與實驗狀況允許，張崑雄便帶上年幼的張東君，讓孩子親臨海洋現場，從中得到自己想要的答案。這是最快、最能讓孩子記得一輩子的教育方式。」

從我的選書方向，可以看出來，我不願意低估孩子的閱讀能力，我相信只要掌握到故事性，即使是主題冷門、非娛樂性、知識含量高的書，一樣可以被孩子們接受，重點是如何把紙本內容和實際生活相結合。

而「漁市場的文學課」是「菜市場的文學課」的延伸，這是我和水牛書店劉昭儀共同攜手，為小學五年級到國中三年級的少年們所設計的生活營隊，也是國內第一個專為少年規畫，結合「傳統菜市場走踏＋廚房實際動手烹飪＋共食分享＋現代經典文學閱讀」的綜合型活動。雖是國內首創，卻是一個在我心中醞釀長達數年的夢想。

身為兩個孩子的母親，我完全能夠體會父母面對寒暑假時的傷神與為難。看似開心的長假，小朋友好不容易終於可以擺脫日日讀書考試的夢魇，但除了睡到飽和滑手機，除了去補習班加強國英數理化的「贏在起跑點」，除了參加提升邏輯力、競爭力、領導力的才藝營，我更希望長長的假期裡，孩子能夠學習「打開五感」的生活，讓大腦透過敏銳的視覺、聽覺、嗅覺、味覺和觸覺，來接收、統整所有的日常訊息，進而體驗課本和網路以外的真實世界如何運作，感受生活本身的活絡沸騰與聲色香味。讓我們蹲下來為孩子想想，經過一整個學期的僵硬制式生活，寒暑假可不是「來點不一樣」的寶貴機會？把學校教育所欠缺的部分，在寒暑假的家庭生活裡，彌補回來。

當然，初期我不免懷疑，有多少父母會認同「帶孩子去逛菜市場、教他做獅子頭和葡萄牙海鮮燉飯、帶他讀經典小說《老人與海》和當代散文書寫《國宴與家宴》」的價值呢？花錢讓孩子去補習，或許有機會看到成績進步或至少親子雙方得到安心，而讓孩子花一整天的時間在菜市場與廚房、書房之間走踏，一時之間還真看不到具體的效益在哪裡。

然而，終究有一群父母「看懂」這營隊活動背後想傳遞的「生活素養」，雖然它無法立即以學科分數來量化表現，卻能夠帶給孩子深度、多元的學習與撞擊。看起來無娛樂性，但只要能夠突破孩子過往的生活經驗與框架，就能帶來樂趣；因此，兩梯次很快就報名額滿。

活動當天我才知曉有些孩子一大早從基隆、宜蘭、高雄和桃園遠道而來，冬日早晨的冷雨，沒有半個孩子姍姍來遲。

我帶著他們在第二果菜批發市場足足走逛兩個小時。有孩子把大芥菜誤以為茼蒿，卻也有孩子可清楚描述粉蔥與蒜苗的外觀差異；我們現場學習如何挑選新鮮的牛蒡，討論蔬菜紙箱上所寫的芳苑是在台灣的哪裡；我告訴他們如何分辨牛番茄與黑柿番茄

斤20
斤50
斤45
一包180
元
一包10
九層塔 元

的外形差異以及各自適合的不同料理；孩子們看到新鮮的冬蟲，也觸摸到百合與銀杏，還一口氣認識了陣容浩大的南瓜家族，有東昇南瓜、牛奶南瓜、栗南瓜、車輪型南瓜和傳統木瓜型南瓜，也研究了略帶芥菜苦味又回甘的娃娃菜，以及這兩年剛上市但還未普及的新品種寶塔型花椰菜……，這群孩子吃蔬菜吃了十幾年，這天可真是一網打盡、看齊各種蔬菜的本尊。

台灣四季分明、地形變化大，是農作豐饒的寶地，我們花了兩個鐘頭也僅僅走踏菜市場面積的四分之一，少年們還認識了佛手瓜和龍鬚菜，這兩樣蔬菜名又「佛」又「龍」的，實則一為果一為葉，孩子紛紛讚嘆當初為這蔬菜命名的人，好有創意。

第二果菜批發市場是國內至為重要的市場，這趟菜市場之旅，為孩子們打開手機世界以外的五感，有助於引領他們進入廚房天地的美妙，也打破他們閱讀領域的框界。我不斷告訴他們，回家以後記得經常提醒大人教你們做菜！「擅於認字讀字但匱乏生活體驗」是這一代孩子普遍的成長模式，手機和網路逐步而強勢地進入他們的日常，閱讀量也因此明顯變少，我希望透過長期、持續地耕耘「菜市場裡的文學課」、「漁市場裡的文學課」，提醒許多家庭，允許孩子擁有另外一種美好生活的可能。

父母親要理解的是，「死讀書」、「強記硬背」、「不斷練習大量題庫」，隨著新課綱上路，不再是國內升學考試的唯一應對方式。今年剛落幕的大學學測試題，各科目的題幹明顯變長，光是國文科就多達一萬一千字，為落實一〇八新課綱教學，大考中心宣布，未來的題型改變方向是「情境式命題、著重在閱讀理解、圖表判讀等整合運用知識的能力，和跨領域跨學科的綜整題型，將取代零碎、片段的記憶與背誦型知識」。

「核心素養」將是十二年國教新課綱的實踐展望，亦即所謂的「knowledge × experience × power judgement」。國內核心素養的研究者蔡清田教授如此界定：「素養的學習並非靜態的、單向性的接收，更重要的是『透過力行實踐』的學以致用，換言之，它是『做中學／學中做』的靈活運用、整全表現與反思辯證。」

而讓孩子生活在「菜市場、廚房和書房」的多向空間，並不一定需要財力和學歷多高的父母，只要大人有心也願意起而行，每逢週末撥出一點時間，陪伴孩子從這些實體場域「做中學／學中做」，就能夠讓孩子將知識、技能、態度與「生活情境」緊密結合。當年我的母親既無文化資本也無經濟資本，不識字的她，卻啟發了我對菜市場的體驗與想像。

但願未來的菜市場或超市，不再只看到婆婆和媽媽，也能夠看到越來越多的孩子，在父母的帶領下，當個小小的人肉挑夫，長期在菜市場見習那融合了科普、自然生態、四季變化、數學運用、社會人文察覺、文化表達等內涵，並深刻覺知平凡生活裡的穩定秩序與幸福感。

番紅花的再延伸

孩子每天離不開吃，飲食維繫著他們的生命，因此了解食材原貌有助於建立他們對食物的情感。

無論如何請不要放棄帶孩子們去菜市場或超市，當他們能大量參與父母的採買生活，對消費行為才會有實際概念，也才能看到食物未被洗、切、煮的原形，更能親身體會原來爸爸媽媽的日常行程裡，買菜是這麼一回事：沒有娛樂性、要有事先計畫，得考慮冰箱現有容量，還要思考每週菜單雛形，上菜市場的學問可多了。

全國各地方的假日農夫市集也值得帶孩子們邊玩邊吃邊逛，悅知文化所出版的《逛市集》有詳盡的全台農夫市集綠色地圖，此外林麗琪所寫的《我的食物地圖》，文字與插畫並茂，也是本值得一讀的台灣食材指南。

chapter 2

生態尋索：培養尊重與溫柔

從地球上最憂鬱的北極熊聊起

翻開每個人的童年相簿，許多照片總是離不開動物園，
與孩子一起探索「人與動物的關係」吧！
思考圈養意義及可能帶來的殘酷折磨，
讓「尊重生命」成為生活中的實際體現。

大人多喜歡帶孩子去動物園玩，「zoo」可能是孩子最早學會的英文單字之一了，可見人類對大自然和動物的高度好奇與興趣。現代人一生中多少會遊歷過動物園好幾次，藉由動物園的參訪，為孩子開啟動物與生命的話題，是很多家庭共有的回憶。動物園自西方發展至今已有百年歷史，從起初的觀賞娛樂、研究動物目的，到現今被動物福利組織要求肩負多元的其他功能：如保育庇護瀕危動物、教育和生物學研究……，動物園啊動物園，值得我們一起和孩子來思辨它存在的意義。

孩子的生活離不開動物。「動物」是孩子童年生活的重要快樂因子和探索來源，所以孩子抱著毛茸茸的動物布偶睡覺，宮崎駿的創作必然有動物，繪本《活了一百萬次的貓》寫的是動物，迪士尼樂園和皮克斯卡通裡滿滿的各種動物。動物讓孩子笑，撫平孩子的淚，讓孩子感到療癒。

因此家裡某些「不請自來的動物」便非常珍貴了。不知道究竟哪些原因，總之我家長年有壁虎和白額高腳蛛出沒。這兩者皆屬夜行性動物，喜歡棲爬在家裡的最高處，與我們一家四口默默地生存著。壁虎偶有歌鳴，每當牠在漆黑靜夜中發出好聽的聲音，頓時為我們增添了宛若置身野林的生活樂趣；而白額高腳蛛是台灣蜘蛛中棲息在家屋內的最大型蜘蛛，貌雖驚人但其實生性極膽小，一感覺人類的任何動靜，牠就迅速逃離。對於家裡這兩種生物，我不僅毫無懼怕之心，更是張開雙手歡迎，因此兩個女兒也就從小習慣家有壁虎和白額高腳蛛自由來來去去。我告訴孩子，這些生命對我們的生活無害也無礙，牠們生性低調也不驚擾人，還幫忙吃掉蚊子蟑螂呢。說真的，能夠敞開心與牠們共享一方屋瓦，何嘗不是一種樂趣一種美。

但那些被人類圈養在動物園裡的動物，無奈接受人類以盡可能的科學方式去養護，一邊被展示一邊獨活著，是不是一種悲呢？如何讓動物園確保具有不可替代性的保育功能或教育目的呢？這個思辨性問題，是個當孩子開始喜歡去動物園遠足時，就可以互相激盪討論的好問題。

例如東京井之頭動物園有一隻叫做「花子 Hanako」的亞洲象。牠被英國專研大象的學者 Keith Lindsay 形容為「世界上最孤獨的大象」。大象是一種高社會性且聰明的巨型動物，需要遼闊的野外空間和群聚社交活動，但「花子」兩歲時從泰國被運來日本動物園，到牠死時六十九歲，漫漫歲月自此再沒見過任何其他同類，終其一生以活體展覽物之姿被囚禁在狹小的水泥欄內。花子這一生，活了有多久，被殘酷的折磨就有多久。

讀畢《國家地理雜誌》關於花子的報導，我與孩子開始討論，那些站在圍欄外觀看花子的人們，從這個「活大象展覽」，獲得什麼樣深度或廣度的生物知識和生命教育呢？想了解大象，除了去動物園觀賞，可否還有其他更好的途徑？若非展示花子不可，動物園是否該提供友善的圈養環境給花子，以減少其痛苦？如果動物園必得存在，動物福利和動物倫理、庇護的標準又會是什麼呢？

還有去泰國旅遊時，騎大象和看馬戲團大象表演，其熱度歷久而不衰，但提供娛樂效果給人類的大象，牠們過得好嗎？

各種和動物有關的討論，不斷出現在孩子各科的課本內容裡，因此我也大量關注與動物相關、不同形式的展覽與活動，陪伴孩子一同探索「人與動物的關係」。

不久前我獲知台中市國立公共資訊圖書館的藝文走廊，正有個適合全家一起觀看的「白熊計劃 ×WILD-LIFE 攝影聯展」，此展覽係由台灣第一位獲得世界攝影大賽（WPP）的當代攝影藝術家羅晟文、法國攝影師 Jimmy Beunardeau，以及國立屏東科技大學保育類野生動物收容中心等三方一起合作展出。

羅晟文的《白熊計劃》是以影像去記錄歐洲、中國等二十六個人類圈養白熊（北極熊）與其所處的人造環境。說到北極熊，我們和孩子對牠的認識有多少呢？除了覺得牠毛茸茸非常可愛……？

孩子最常讀到與北極熊的相關報導，就是北極氣溫不斷上升，造成海洋冰層融化，使牠們生存面臨極大的危機如生活範圍縮小、食物變少、獵食不易。或許你也聽過在阿根廷的門多薩動物園（Mendoza Zoo），有一隻被稱為「地球上最憂鬱的北極熊」叫阿圖羅（Arturo），於二〇一六年過世。

據報導，阿圖羅長年被困在溫度高達四十度的動物園內，二〇一二年失去夥伴佩魯莎以後，即出現經常甩動自己的頭、露出牙齒來回踱步等「行為異常」，阿圖羅一輩子僅生活於北極七年，卻困於炎熱的阿根廷動物園二十年，許多人士撻伐阿根廷動物園無異變相虐待阿圖羅。也許你知道關於北極熊更多，例如牠是從棕熊演化而來的最近代熊種，也是地球上體積最大的肉食動物，游泳能力高強的牠可連續游泳十天且最長距離可達三百五十四公里，因此美國的動物分類，甚至將擅於泳渡冰川的北極熊列為海洋動物。

而透過攝影藝術家羅晟文的展出作品，讓我得以帶著孩子一起思考「人類對動物的喜歡，究竟代表了什麼樣的意義」？

羅晟文的《白熊計劃》，讓觀者看到各地動物園裡顏色甚為奇怪的北極熊。如阿根廷的紫色北極熊，因牠全身罹患皮膚病，園方幫牠上藥造成紫色外觀，並解釋成「紫色也很吸引民眾」，不久之後，這隻紫色北極熊就死亡了。

還有一隻日本的綠色北極熊，係因為天氣過熱導致牠身上長滿青苔……，儘管動物園對外表示青苔並不影響北極熊的健康，但由於民眾提出太多不安的質問，最後園方將牠剃掉半邊的毛，因此遂成為一隻「半邊毛北極熊」……。這些都是讓人看了傷心、不安、驚詫的攝影作品，這些「生活在冰山彩繪、優養化水池與炎熱天氣等荒謬中的北極熊」，孩子看了以後，開始思考「展示動物」和「動物圈養計劃」之間的困境與兩難。

其實台灣在九〇年代也曾經養過「黑色北極熊」。當時我們認為只要有冷氣和冰塊就足夠把北極熊照顧好，豈料北極熊竟從渾身雪白到被養成黑色，因為牠的毛掉光了，露出黑色的皮膚原色，民眾來園認不得，以為眼前是隻體積龐大、長滿皮膚病的流浪狗。不久這兩隻北極熊也死亡了，從此台灣至今不曾再有北極熊。可見圈養原本生活範圍高達數萬平方公里的北極熊，絕非易事。

翻開每個人的童年相簿，難免都曾經在動物園的某一隻動物欄前留下萌萌的笑顏身影。人類是「喜歡」動物的，因此豢養動物、馴養動物，並將動物園視為一處童年必訪之境，成年之後甚至嚮往非洲壯闊景色的 Safari 之旅。正因如此，我們更應審慎思考人類成立動物園與動物倫理之間的關係。

《白熊計劃》具體刻畫當代動物園在動物展示與保育研究方面的模糊與矛盾，一隻綠色的北極熊何其詭異與悲傷，「白熊計劃 ×WILD-LIFE 攝影聯展」，成為去年夏天最讓我和孩子震撼、難忘、思辨的藝術展，也開啟了孩子人生中另一頁不同的「動物故事」。

番紅花的再延伸

這兩年國內大賣場也逐漸追上歐盟所積極倡議的符合動物福利和人道飼養環境的肉與蛋，仔細瀏覽超市的蛋架，國內訴求人道飼養的畜牧場雖然還不到遍地開花，但相較於五年前，已算日益容易看到，政府和養殖場都加入了推廣的陣容。

要投資哪些設備、要具備哪些知識，才能符合人道飼養的標準呢？或許可與孩子一起討論，我們要不要選擇支持動物福利的肉品與蛋品？動物福利的食材售價一定比較高，為什麼呢？既然售價比較高，支持它會不會划不來？為什麼？

這本《借鏡德國：毛小孩的神秘力量——從歐美動物輔助治療看台灣動物福利》，很適合對動物保護議題有興趣的您閱讀，讀完之後，您會有滿滿的心得與孩子分享，話題就不會乾掉了。

帶孩子一起理解「蜂」世界

把所有的蜂一律貼上「攻擊、螫人」的標籤，
孩子也就失去觀察蜂、認識蜂的機會。
無論如何，日常生活遇到的每一隻蟲，
都富饒學問哪。

帶三歲女兒去爬山時，是我第一次嚴肅思考「蜂究竟是什麼樣的生物」？在幼兒的面前，我該如何面對蜂的出現？除了驚聲尖叫、恐懼落跑，有沒有別的選擇呢？我知道蜂會授粉、採花蜜、但也可能會螫死人；日日常見的蜂，究竟有哪些等待我和孩子去揭曉的謎題呢？

疑惑也不僅僅是這些，當時我想讓孩子攝取比砂糖更健康訴求的甜味如蜂蜜，我憶起十幾年前曾閱讀過關於東京銀座大樓養蜂的相關報導，據說東京的蜂從銀座飛往半徑三公里範圍內的皇居森林和日比谷公園去採蜜，由於屬「環境指標生物」，健康的蜂群意味著無汙染的人類生活空間，因此銀座大樓屋頂人工飼養的蜂，廣受東京都居民的重視與珍惜。

於是我決定帶女兒們一起研究蜂、認識蜂，要求自己不要看到這種昆蟲就盲目亂竄與驚駭。當孩子吃鬆餅時淋上一圈圈琥珀色的台灣龍眼蜜，蜂蜜是孩子飲食的日常了，關於蜂，相信我們一定有方法可知道更多，前提是父母別一看到蜂的出現就緊張兮兮、慌亂失措。

尤其當大人對常見的生物如蜘蛛、蟑螂、蛇、蜂有所害怕或誤解，往往渾然不覺地將這份恐懼傳遞給孩子，從此這款生物在孩子心中就等同「被判死刑」了。並非每個孩子看到蟑螂都只能花容失色、驚聲尖叫，一如當大人在郊外散步，看到群蜂飛舞即惴惴不安、抱頭躲藏為上策，卻不了解在我們生活周遭所謂「獨居蜂」與「蜜蜂」的差別，把所有的蜂一律貼上「攻擊、螫人」的標籤，孩子當然就失去觀察蜂、認識蜂的機會。無論如何，日常生活遇到的每一隻蟲，都富饒學問哪，別忘了生物多樣性之父愛德華．威爾森就是在十三歲時迷上螞蟻，到大學時他成為知名的螞蟻專家，並在哈佛拿到他的昆蟲博士學位後，從此教學研究再沒離開過哈佛，沒有年少時期對螞蟻的執著與癡迷，就沒有今天這位頂尖的生物學家。

話題再拉回到演化有億萬年歷史，無所不在的蟑螂。台北市中山女高即有一個以「蟑螂研究」聞名全國的生物科學社團，我讀到指導老師蔡任圃提起他在學校成立蟑螂社的緣起：「蟑螂牠體積小、好飼養、成本便宜、又操作簡單……，其實女校有很多學生有科學潛質，既然家中就有這種生物，為什麼不好好了解牠呢？學生本來很怕蟑螂，後來不怕了，其實沒有生命是應該被厭惡的，所有生命都是美麗的。我的重點其實並不是蟑螂，我是要學生透過牠來學到科學上的東西，我要的是科學精神。我希望我跟我的學生們所累積下來的蟑螂研究資料，可以讓我們成為全世界最了解蟑螂的團隊。」大哉斯言，也因為老師的開放心胸，才能在經費有限下，譜出科學研究的春天。

幸好有這麼一位教學想法既務實又有趣的生物老師，讓這所高中女校的女孩拋卻尖叫竄逃的包袱，大膽打破少女對蟑螂的刻板印象，甚至透過飼養蟑螂、解剖蟑螂等方式，展開生物科學研究之路。

而我們對「蜂」的了解更少、誤會也更大，基於虎頭蜂攻擊人類的報導偶有所聞，因此即使我們知道蜂群傳授花粉對人類生存的重要性，即使我們聽說了二〇〇六年美國境內有三分之一的蜜蜂離奇死亡，這現象被稱為「蜂群崩潰症候群」（Colony Collapse Disorder, CCD），我們仍習慣在「蜂」（可能是蜜蜂，但也可能是害羞怕人的獨居蜂）飛過我們身邊嗡嗡嗡時，心生恐懼而快步匆匆走過。

其實你知道嗎？全世界的蜂類有十二萬多種，我們所熟知的蜜蜂、虎頭蜂並不是最大宗的蜂種類，以數量來說「蜜蜂」只占一成，其餘百分之八十以上都是「獨居蜂」。

對環境非常敏感的「蜂」是都市環境指標，有化學毒物的地方很難有健康的活蜂。因此，只要看到任何「蜂」在路邊的大花咸豐草叢裡飛舞工作，我就會興奮指給孩子要他們趕快看，畢竟不論在市中心或是郊外，「蜂」真的越來越少見了。許多科學家發表研究推論蜜蜂的大量死亡與消失，與「類尼古丁農藥」有強烈的關係，所以，如果住家附近有活躍的「蜂之谷」，那我們應該要恭喜自己也許正生活在一個毒物不算嚴重的環境裡。

人類日益重視攝取蔬果營養，但沒有「獨居蜂」的強大授粉功能，我們將生活在一座光禿禿、欠缺生物多樣性、植物不興不美的水泥叢林裡。當我與女兒對「蜂」產生好奇時，聽說台大昆蟲所有三位碩博士生成立一個命名有趣的社會企業：「COME BACK to ME × 城市養蜂是 Bee 要的」，他們在網路上發起「在城市養獨居蜂」行動，目標不僅在成為台灣最大、最專業的蜂類社群，更極欲挑戰跳脫同溫層、轉換思維，將生態教育議題真正帶入常民生活。

據悉獨居蜂的個性低調、害羞且較為溫馴，在都市中經常欠缺合適的棲身之所。為了感謝「獨居蜂」的貢獻，也為了提供孩子近距離觀察蜂生態的機會，當我知道台大有一群年輕學生如此具挑戰性的計畫後，我感覺超級酷，遂下訂一棟由這團隊所設計、再交由台灣木工師傅手工打造而成的「獨居蜂透天厝」。我把這棟木造房子擺在住家小前院，並在它周遭圍繞了九層塔、馬齒莧等不昂貴又受獨居蜂喜愛的蜜源植物，期待這棟充滿天然木箱、擁有七個巢板（每個板上有五個孔洞），可容納一百多隻獨居蜂的蜂旅館，能夠「賓客盈門」；女兒滿心盼望獨居蜂媽媽們看上這棟透天厝，於此安心無憂地居住產卵，也讓我們能夠進行粗略的生態觀察。

了解「蜂」的途徑很多，除了看昆蟲圖鑑、實踐在城市養蜂、參與蜜蜂友善生態的建構，收看電視也不失為便捷的方法。繼二〇一四年推出探究全球蜜蜂消失現象的《蜂狂》，公視在前年十月也再度推出《蜂狂2》，直探蜜蜂消失現象背後大規模環境汙染問題，以台灣領先全球的蜜蜂研究出發，深入探討農藥對蜜蜂的影響，進而聚焦當今各國政府在農藥政策上的缺失，與農藥濫用議題的嚴重性，畢竟「蜜蜂的消失，不僅是自然界的食物鏈遭受破壞，最立即且直接的威脅就是在糧食的供應」。

關於蜂，我們是否還讓孩子停留在「蜂蜜可吃」、「蜜蜂很危險會攻擊人」的褊狹印象呢？這樣實在太對不起這可愛的小生物了。「蜂」攸關著農業與糧食危機，全世界各地的蜂如果再繼續大量死亡而得不到你我的關注，則我們也不可能繼續偏安過得好。我們來一起學習認識蜂、觀察蜂、關注「1ppb 類尼古丁農藥，也就是十億分之一的濃度，就會破壞蜜蜂的學習能力，造成蜂群迷航，甚至死亡、消失」的蜂狂議題吧。

番紅花的再延伸

很多我們對昆蟲的無來由恐懼，除了源自童年不好的回憶，也有部分來自誤解或不熟悉。例如除了蟑螂、喇牙，蝙蝠也很無辜，它倒吊的形象經常被畫得頗醜怪，又老是和吸血鬼聯想在一起，而我們要如何破解孩子這些沒有理由的恐懼？

讓孩子有機會去近距離觀察，是一個好方式。為了鼓勵孩子能科學化了解蝙蝠，暑假時我帶她們前往雲林水林鄉的黃金蝙蝠生態館，這是台灣第一所以蝙蝠保育為主軸的自然旅遊場館，孩子在這裡可以研究蝙蝠的食性與棲所、了解蝙蝠的演化……，從此，我的兩個孩子就對蝙蝠產生喜愛，拓展生物科學版圖上的一個小亮點。

別讓手機主宰了孩子的休閒生活，讓孩子實際接觸各種生命體，不僅回憶甜美，打開自然課本也會有興趣多了。

除了自拍，「攝影」是孩子的另一雙眼睛

我跟孩子說，透過拍照展示自己很好，
但「攝影」可以不只是這些。
只凝視甜美是危險的，
世界還有很多面，例如剛強、野性、奮鬥、掙扎、愛與淚。

年初和女兒去逛一年一度的台北國際書展，看到幾十個小學生，群體坐在書展附近的廊簷下，一邊吃便當一邊等書展開門，真是美妙動人的畫面，充分映照出帶隊老師的熱血；畢竟讓這麼多孩子走出教室、進入公共空間可不是件輕鬆的事，願意獻出心力引領孩子進入國際書展殿堂，老師必然有著相當的熱忱與情意。而每年備受各方愛書人矚目的國際書展大獎，只要入圍名單一公布，我就納入採購計畫裡，今年人稱「柯師傅」的攝影師柯金源，其著作《我們的島：臺灣三十年環境變遷全紀錄》入圍「非

小說獎」，我看了這新聞激動不已，如果只能推介一位台灣最有理念、最勇往直前的新聞攝影師給孩子認識，我首推柯金源。

如今「攝影」無時不刻存在於你我的生活，但我們似乎很少好好坐下來，和孩子一起討論與「攝影」相關的話題。手機裡滿滿孩子成長的身影，孩子幾乎每一天都活在「被攝」的狀態，而如果你曾經為孩子買下星野道夫的圖畫書《熊啊》，那麼孩子即因此邁出他人生欣賞頂尖生態攝影的第一步，並打開他「認識灰熊」的另類視角。攝影如此重要，我從一開始就打算要認認真真陪孩子認識「攝影」這回事。

女兒是從小學開始接觸手機的，雖然手機當年多被定位在「通訊」和「遊戲」這兩大功能，但我更希望女兒專注在手機的「拍照」功能上，且拍照不是為了上傳社群以博讚，而是要她們學習透過相機的鏡頭，觀察周遭一切環境，記錄生活的點點滴滴，並從小就認知到「攝影」是一門藝術。

這也許是為了完成我小時未竟的夢想。以前「拍照」的成本很高，底片貴、沖洗費貴、相機也貴，我雖然很嚮往「背著相機到處走、到處看、到處拍」的酷模樣，但那時候父母沒那麼多錢也沒有藝文觀念，也就是沒有所謂的文化資本和經濟資本，因此「攝影」成為我小時候一個遙遠的、遺憾的夢。如今拜「數位化」之賜，「攝影」再也不是遙不可及的奢侈品，它便宜許多也方便許多，普及到多數人的日常生活裡，隨便拍拍當然沒有壓力，但除了隨手拍，我希望培養孩子在攝影上的美感養成。

「即拍即刪」雖然不費吹灰之力，修圖軟體也增加拍照的趣味性，孩子拿著手機喀嚓喀嚓喀嚓，很容易就拍下十張百張餐桌食物和自己的身姿。但「拍照」完全等同於「攝影」麼？布列松（Henri Cartier-Bresson）說攝影是「決定性的瞬間」，「是一種由無止盡的視覺吸引力所觸動的自發性衝動，它既捕捉了瞬間，也留下永恆」，「在快門擊發的這一刻，我們已經本能地將確切的幾何區域給固定下來，若沒有這些，照片將缺乏個性、沒有生命力」。底片時代我們按下快門的速度與這一代孩子大不相同，然將「攝影」視為藝術的琢磨則是不變的，我期待孩子上傳到她 IG 的照片是美的，是有細緻質地的，更重要的是，除了用鏡頭記錄她日常的小確幸，也試著用它來拍攝街頭一切有機體，鏡頭是她眼睛和靈魂對這世界凝視的延伸。

我跟孩子說，拍自己很好，展示自己吃什麼、穿什麼、買什麼、去哪裡也不是不行，但「攝影」可以不只是這些。多多關注當代優秀攝影家的作品，可以幫助我們跨出社群媒體的「同溫層」、「過濾泡泡」，甜美的照片人人愛看，但只看世界甜美的那一面，是危險的，世界還有很多面，例如剛強、野性、奮鬥、掙扎、愛與淚。

好比之前我認為令全球動物控最興奮的新聞，就是英國野生動物攝影師 Will Burrard-Lucas 在非洲肯亞，清楚拍到一隻野生母黑豹的身影。這可是人類百年來首次拍到黑豹、證實黑豹的存在，上次拍攝到非洲野生黑豹，已經是一九〇九年的塵封往事了！我激動地把孩子叫到眼前，分享這稀罕而美麗的照片給她們，相機真是偉大的發明，讓全世界的人，共享資訊的一切。

而國內最讓我敬佩的攝影師柯金源，他在二〇一八年一月，由衛城出版的這本《我們的島：臺灣三十年環境變遷全紀錄》，是我心中認定二〇一八年最不能忽略的重磅之書。這本《我們的島》，應該放在你我家裡任何一個可閱讀的角落，它應該是我們在餐桌上和孩子深聊台灣土地變化的指南；它應該躺在我們的床頭櫃等待我們夜深讀著入夢；它應該躺在青少年的書桌上和地理教科書一起服用；它應該躺在小學生的書桌上，因為裡面有一張張美麗生態照片，等待著父母陪他一起詮釋或解讀……。

自去年一月至今，這本書甫上市就受到媒體高度關注，獨立媒體《報導者》刊載了何榮幸為此書所寫的序文〈薛西佛斯與職人精神〉；國內最大網路書店平台博客來Okapi，也刊登諶淑婷親訪柯金源所寫的人物專訪：〈被大自然和黑道威脅過的人，用30年紀錄台灣環境〉；信義學堂更邀請受人尊稱為「柯師傅」的柯金源本人蒞臨開課演講；《鏡周刊》則為他寫了動人的深度專題〈一鏡到底：三十年磨一鏡〉，台北市立美術館的雙年展，也展出柯師傅在這二十年之間所累積的二十二部環境議題紀錄影片……。

身為台灣當代最重要的環境紀錄片工作者，柯金源曾獲第十一屆台灣國際紀錄片影展TIDF「傑出貢獻獎」，這獎項是為了表彰在台灣紀錄片有卓越表現與貢獻的作者，而他的長片《前進：回望台灣環境運動三十年》，也在去年於影展做世界首映。為了讓更多人認識柯金源，TIDF並於「離線咖啡」舉辦他的環境攝影展，又曾在去年四月十七日、四月二十四日晚上，放映《獼猴列傳》及《福爾摩沙對福爾摩沙》這兩部經典作品，柯金源本人也出席映後座談。

身為兩個孩子的母親，這幾年有幸隨著柯金源在公視的攝影與報導，才能突破大眾主流媒體的框架，看到孩子生長的這片土地，有著什麼樣不為人知的黑暗內幕，需要你我的關注。他讓我看到台灣有多美，也讓我看到台灣如何在毀壞，但柯金源的心質是戰鬥中有溫暖，因此即使他拍出了毀壞，那毀壞中仍有著不妥協意志下的希望。

二〇一五年我從公視節目《撞到月亮的樹》更深入認識柯金源。被魯凱族人稱為「撞到月亮的樹」，高大到彷彿可以跟月亮打招呼，其實是台灣杉，它是東亞最高的樹種，也是植物學界唯一以台灣當屬名的植物，分布在海拔一千八到二千五百米雲霧繚繞的山區。這集節目讓世人看到生長年齡平均超過千年的台灣杉森林，其中最大的台灣杉甚至有三千歲了！

這片中央山脈深處的巨木森林，如夢似幻，樹上攀附的愛玉子產量又特別多，魯凱族人會冒著生命危險，去摘「撞到月亮的愛玉子」以賺取生活費用，森林和魯凱族人的土地情感連結，透過鏡頭深深震撼了我，也從此拓展了平凡媽媽如我的視野。而他在二〇一〇年的作品《福爾摩沙對福爾摩沙》，更是勇氣顛沛之作，他敢於挑戰台灣石化龍頭「台塑企業」王永慶，不迂迴遮掩，以社會企業責任的嚴肅角度，叩問在「締造台灣經濟奇蹟」糖衣背後，有多少庶民的無奈與辛酸，以及這片土地為此所付出的汙染高額成本。當人們迷醉歌舞時，柯金源總是端出以其生命換來的醒鐘。

柯金源說「這是一本寫給台灣孩子的生態備忘錄，是給新世代的環境備忘錄」。從一九七七至二〇一八年，時間縱深裡他見證三十年台灣環境的變化與歷史，如果你的臉書同溫層還沒讓你注意到這本重達一點五公斤的「鉅著」，如果你願意帶著孩子一起來關心、了解台灣的生態議題，如果你在意呼吸的空氣、喝的水、游的魚、飛的鳥、百姓的日常，這本《我們的島：臺灣三十年環境變遷全紀錄》，絕對是值得你和孩子共讀的書！

番紅花的再延伸

我最喜歡孩子的攝影作品，是她小學三年級時，在家裡附近的一條小水溝邊所拍下的福壽螺卵，到現在這張照片仍是我出外演講時，很愛引用的一張照片。

雖然十年前手機的攝影功能不像現在強大，但因孩子對自然環境的細膩觀察，當學校老師教過的，具侵略性外來種的福壽螺活生生出現在她眼前，她就立即掌握工具拍下這張清透水邊的螢光粉卵蛋，回家後再細心比對書本上的福壽螺，就此對老師課堂上的講述內容，留下更深刻的印象。

但提醒您也要告訴孩子攝影的禮儀，例如不可偷拍別人，要上傳朋友的照片前要先獲得對方同意，在營業場所如要拍攝，也要先取得店家的許可；例如在日本，很多店家是不讓客人照相的，顧及到被攝者的隱私權，也是拿起相機前的必修喔。

讓動物安好地生活在自然與城市裡

動物不僅帶給我們情感上的療癒或滿足，
動物也是這塊土地理所當然的住客。

六、七歲時沒有先探詢過父母的意思，我開始利用每天晚餐吃剩的魚肉殘肴拌一點兒米飯，裝在鐵碗裡，擱在家門口，意圖吸引屋瓦上跳躍的那群流浪貓前來食用，希望牠們能夠成為我生活裡的朋友。彼時年紀小，我努力探索與動物發展情誼的感知方式，貓不解人語，所以我有哪些工具可和貓對話呢？這是一個有趣的謎。而街上的貓來來去去，對我和我的碗無所眷戀，牠們想來就來，消失了也就永遠消失，吃飽就走，總是離我離得好遠，這是我第一次學習到「付出但不求回報」的精神滿足。成為母親以後，我更不打算攔阻孩子們飼養動物，甚至鼓勵他們透過飼養以深度認識生命。

總覺得飼養過動物的孩子，他童年的色彩像是揉進了一點金沙，溫暖而耀目。最近我和女兒迷上高橋一生主演的日劇《我們的奇蹟》，高橋一生在劇中飾演一位動物行為研究的大學講師，五歲時在森林裡偶遇一隻迷途小烏龜，他把牠帶回家細心飼養，烏龜一路相伴二十幾年，撫慰高橋成長路上的內心徬徨與悲喜。聽到劇中這隻烏龜被取名為George，我不禁莞爾，此名應是源自世界上最有名的一隻烏龜「Lonesome George」，喬治是加拉巴哥群島上的平塔島象龜，而加拉巴哥群島以「達爾文與上帝分手的地方」馳名於世，我記得吉本芭娜娜也在家裡養了兩隻烏龜，牠們會爬到冰箱前等待食物……。

但我知道，也有很多大人因為這樣那樣的理由，他們是非常害怕動物的。

街上有許多人嫌惡或恐懼流浪貓，這並不難理解。女兒曾提起過，在課堂上聽到老師面有悸色地說了些關於貓的九條命恐怖民間故事，和「死貓吊樹頭，死狗放水流」的駭人習俗，這些流傳已久的街坊雜談，讓老師從小還來不及感受到貓科動物的「萌」，就先被置入了揮之不去的貓是「陰煞、鬼怪」的可怕印象，等到長大成人，也沒能脫去對貓犬的排斥或負面觀感。

儘管女兒覺得老師曾留學美國讀碩士又正當年輕，對事情的看法容或比較有彈性，卻仍迷信於民間傳說是多麼的不可思議，然而，某些舊習俗確實將貓「陰化」，讓貓不時穿插出現在驚悚故事裡，使人心生恐懼。即使宮崎駿動畫《魔女宅急便》裡的黑貓吉吉，生動可愛擄獲人心，也無法抹去那些「天性」害怕貓的人的心中陰影。雖然我為此感到惋惜、嗟嘆，但是，只要他們不將那份對街貓的恐懼，轉化為「虐待」或無情的「驅逐」，我認為他人的討厭貓、不喜歡貓、不接納為陪伴動物，是必須受到尊重和理解的。

而我所領養的這隻流浪貓，其名「多多」，卻有著一段曲折過程，顯露出社會上某些對貓寬容接納的人，造就了土地、動物與人類家屋的和諧關係。

多多是一隻半摺耳的結紮公貓，或許是棄養或許是迷路，總之有天牠出現在萬華某棟大廈的中庭晃蕩。潔白又毛茸茸的大貓外型，在街頭浪貓圈中實在太華麗太醒目了，大廈住戶凱莉很快就注意到這隻晃來晃去又不懼怕人類的迷途貓，雖然擔心牠的安危，但家裡已收養四隻貓，家中「橘橘」對新來貓的敵意甚重，實在沒有餘力再多接納一隻；凱莉心想，一切就看緣分，如果七天後這隻大白貓還在流浪，那就再說吧。

七天後，大白貓果然在中庭晃啊晃又跳入凱莉的眼簾。凱莉將牠帶回家的同時，在社區附近張貼多張海報，心想或許原主人看到海報就可以循線找到凱莉領回他的貓。但主人始終沒有出現，凱莉只好答應一位朋友的請求讓她領養大白，然因為這樣那樣的理由，朋友竟將大白繫繩飼養以限制牠的行動範圍，這令凱莉感到不安不忍。兩年後朋友懷孕，凱莉終於找到「長毛可能引起孕婦或胎兒過敏」的藉口，將大白給帶回家。不久她幫大白找到的新飼主，是在台中百貨公司站櫃的年輕男生，男孩對大白很疼愛，但站櫃工作時間甚長，經常得上整天班，大白獨守套房一天又一天，凱莉和男孩都知道這不是對大白最理想的方式。

也因此我才有機會領養大白，成為牠結束街頭生活的第四個家。當年已是七歲老貓的牠，轉眼如今已高齡十五歲，我們幫牠取名叫「多多」，感謝凱莉幾年來鍥而不捨地

為牠尋找最適合的飼主，也感謝「多多」這些年帶給我們全家溫暖、盛情的生活趣味。

用心、用情領養了一隻貓之後，我看到的是人性那雅致的一面。陪伴動物其實沒有可計算出幣值的生產力，但我們樂意與牠平等共處、接納牠的天性、盡力配合牠的生活步調、希望看到牠健康快樂。藍色星球本就包容、安養天地萬物，犬貓也是大地的子民，因此我從不認為牠們是這城市的侵入者，嚴格來說，人類才是處處強勢入侵動物的棲地，當貓從我們的屋頂上跳躍而過或是在月夜裡鳴叫喚偶，那是因為這塊土地本就是牠們棲地的一部分啊。

前年公布的「2017 Openbook 好書獎」，黃宗潔所寫的《牠鄉何處？城市・動物與文學》，獲得「美好生活書」大獎，黃宗潔近年主要研究方向為城市中人與動物的關係，評審認為：

作者以簡潔優美的文筆，層層拆解著人與動物之間的不安關係，每個平靜述說的故事後面，收束著驚濤駭浪。

台灣社會長期以來對於動保的概念，常流於「愛不愛」動物的粗暴二分。消滅與排除，剝削與利用，這是人類對動物的傲慢與狂妄。這本論文回顧了人和動物的糾葛，以及在城市空間裡，人對動物（他者）的擠壓與排除，同時羅列了各種不同的思考面向，包括文學的書寫。它不是孤獨的宣說，而是眾弦的呼應。

全國各地方收容所或者假日建國花市的領養動物區，總有許多流浪動物等待有緣的人類將牠領養回家、彼此陪伴度過生活的光亮與幽暗。認為自己還沒有準備好在家裡照顧一隻動物也沒有關係，但至少當街頭的犬貓從我們身旁竄躍而過時，我們願意去思考「整個城市發展跟動物的遭遇是扣連在一起的」，動物不僅帶給我們情感上的療癒或滿足，動物也是這塊土地理所當然的住客。

「愛」這個字是最受人類歌頌讚嘆的「心理素質」，我對孩子們說，城市裡的動物並不渴求我們的愛或不愛，只要人類讓牠們「好好待在自然裡就好」吧。

番紅花的再延伸

最近孩子要我和她一起簽署苗栗石虎棲地的爭議開發案，透過民間聲明力量，讓開發案能夠受到更嚴格的評估，以使石虎有生存的空間。

其實每個孩子都喜歡動物，除了偶爾帶孩子去逛動物園，滿足他們對動物的好奇，我也極力推薦大家讓孩子有機會在家裡飼養動物、照顧動物、研究動物，也許您害怕會增加麻煩，但比起那些小小的麻煩，飼養動物帶給孩子的快樂、情感學習與知識建構，是長遠而巨大的。

目前各動物收容所都有開放流浪動物的領養政策，養任何動物和養孩子一樣，都需要「愛、知識與金錢」，當您忙於工作或孩子情緒低潮時，動物能安撫孩子的心，動物只要您供應牠一點點食物、一點點生活空間，卻回報我們的孩子更多。

孩子本可以活得寬廣而遼闊

你是否想過，孩子要如何認識這個世界、
如何與他所屬的世代對話呢？
這是大人必須誠實面對的課題；
孩子本可以活得寬廣而遼闊，
只要大人願意看往分數以外的其他價值。

雞蛋是日常餐桌的基礎食材，並可延伸出各式各樣受孩子喜愛的料理，像是玉子燒、蒸蛋、溏心蛋、滷蛋、法式吐司、西班牙烘蛋……，孩子對雞蛋是再熟悉不過了，他們也很早就從繪本和卡通知道小雞是從雞蛋孵出來的，那麼菜市場和超市裡賣的雞蛋，能不能孵出雞寶寶呢？

最近因長伴南安小熊「妹仔」而爆紅的「熊麻雞」，也陸陸續續下了幾顆蛋，這隻不僅逃過熊爪、還與黑熊成為親密搭檔的雞媽媽，牠下的蛋會孵出寶寶嗎？

之前看到一則外電報導，英國有位十四歲男孩阿特金斯（William Atkins），他與家人討論超市販售的蛋，理論上那些是未受精的卵，所以是不是就一定孵育不出幼雛呢？好奇心驅使下，他買了一盒鴨蛋回家做試驗。阿特金斯將這些蛋放進一個購自 eBay、售價四十英鎊（約一千六百元台幣）的孵蛋器內，開始觀察有無變化產生。三天後，他將燈光照向鴨蛋，隱約驚見一個鼓鼓跳動的小小心臟，過了三週蛋殼開始破裂，又經過數天，一隻黃色小鴨即破殼而出。這實驗結果令阿特金斯既震驚又興奮，喜歡野生動物的他，決定等小鴨長大一點以後，送去附近的牧場放養，好讓他隨時可以去探望。

這真是個不起眼，然趣味中帶著奇幻感的新聞。一個英國青少年在他房間做了個平淡無奇、非為比賽拿獎的自然生活實驗。對絕大多數的大人而言，超市蛋想當然耳是拿來食用的，哪可能孵得出小寶寶。記得女兒小時候問過我一樣的問題，我當下立即拋出了扼殺後續發展的答案，我回答她：「依照科學理論，街坊超市賣的蛋沒有受精，所以孵不出小雞小鴨的。」

所以阿特金斯買回家的這盒鴨蛋是被施了什麼魔法麼？英國超市人員告訴記者，超市賣的蛋，要孵化出小鴨小雞的可能性確實非常小，然並非不可能，若畜牧場的雞鴨群內有雌雄這兩種不同性別混合在一起飼養，就有可能產下受精卵，這時只要提供適當的環境，就可能孵育出小生命。

我望著阿特金斯手捧小鴨的青澀笑容，心中感觸頗深。當十四歲的英國少年，在網路上研究人工孵蛋器，放學後又跑去超市買蛋回家做孵育實驗時，與他同齡而於國內正就讀九年級的台灣孩子們，此刻多為了迫近的升學會考而陷入補習、模擬考、校排、PR值等層層壓力下，他們每天背著沉重的書包出門，日復一日面對一張一張不斷襲捲而來的考卷，抵抗不了的有父母的期望、老師的鞭策、同儕之間的分數競爭……。去超市買蛋回家做孵育實驗記錄？恐怕這不是國內十四歲孩子能夠擁有的日常，這則國際新聞對映出我們孩子的生活天地是如何被打壓、被限縮，他們的好奇心沒有被滿足，

向外界探索的動能也付之闕如。

也許我們大人該內省，孩子行程滿檔，而我們是否不鼓勵孩子做「浪費時間的事」？

女兒有天一早就和幾位感情深厚的同班同學們，一起去萬里參加「淨灘」活動，高溫炙陽下，戰果頗豐。這群手腳伶俐的青少年總共撿了二十五大包沙灘垃圾，有效阻止這些塑膠廢棄物進入大海的機會。雖然豔陽高照下的淨灘過程又餓又渴又累，且和全球現有驚人數億公噸的海廢相較，她們所撿的這二十五包垃圾實在微不足道，但女兒說，只要能讓海龜、鯨豚、海魚減少因塑膠微粒中毒、窒息、喪命的可能，便覺得很有意義。

而淨灘可不只是擦防曬、配備水壺、願意彎腰去撿垃圾的勞動付出而已。出發前，這群青少年也花了些時間做功課、消化資料，了解百年不滅的「塑膠微粒」是怎麼來的，認識被聯合國環境規劃署肯定的「打擊塑膠微粒（Beat the Microbeads）」APP 特色，並為赤道無風帶的「大太平洋垃圾帶」（Great Pacific Garbage Patch）形成而心驚不已。

所以女兒和同學們的淨灘行動，不只是訴諸於「情感面」的出發，也包含了「科學知識面」的理性研讀，並對台灣東北角海岸有實地踏查的經驗，這天可說是她收穫豐碩的日子。

女兒說有些父母並不支持同學拿假日的補習時間，參加這類對升學考、甄試無實質加分效果的活動。我認為這是爸爸媽媽的一種「短視」，這種「短視」有可能默默助長孩子的「功利主義」而不自知，也剝奪孩子體察課本以外世界的寶貴機會。

去年會考寫作的測驗題目是「我們這個世代」。這是個好題目，卻不是個好寫的題目，若孩子的日常多拿來應付升學考試，生活經驗被嚴重限縮，就很難有具體的想法去論述，與自己身處的世代對話。

而拓展孩子的生活經驗，「書」是一個很重要的工具。我讓生物科普類的繪本書籍在家裡書櫃自成一大格。例如，被譽為「昆蟲學的荷馬」法布爾所寫的《昆蟲記》兒童版，日本生態攝影師星野道夫鏡頭下的阿拉斯加熊群與優美文字，國內質量俱佳的科普作家張東君，她所寫的《青蛙巫婆：動物魔法廚房》和《爸爸是海洋魚類生態學家》等書，陪伴我們度過許多親子共讀的夜晚。有了書的內容，再加上我樂於引導孩子往大自然去探索、驗證書中知識，或許因此種下了孩子愛惜生物、憐憫眾生、立志報考生命科學系所的緣分。

她每天隨身攜帶不鏽鋼吸管，就是為了要求自己努力實踐「少塑生活」。少塑是減少海廢進入大海、傷害海洋生物的起點，也是減少塑膠微粒最後回歸到人類身體的重要一步。我相信孩子所發展出來的環保意識、對科普知識的樂於涉獵、愛護生物的感性，是來自長年閱讀的啟蒙，和戶外野地踏查的實踐。

你是否想過，孩子要如何認識這個世界、與他所屬的世代對話呢？這不是一個奢侈的大哉問，而是大人必須誠實面對的課題；孩子本可以活得寬廣而遼闊，只要大人願意看往分數以外的其他價值。

番紅花的再延伸

實際參與淨灘活動的孩子，從此對「減塑生活」的執著更深，並進一步對她身邊的同學們進行倡議。

這幾年許多中小學舉辦園遊會慶典，也加入了「無塑」、「減塑」的行列。我們對塑膠「上癮」由來已久，要改掉日常生活裡對塑膠的依賴不容易，但只要有心，一切都是可能。

和孩子來認識：什麼是塑膠？哪裡查得到塑膠的歷史？在每天的生活裡，哪些一次性使用的塑膠製品是我們應該避免的？我們可使用哪些替代性環保器具？家裡要換購哪些東西來有效減少塑膠依賴呢？

有哪些廠商已經實際參與減塑行動？速食漢堡店的每杯飲料吸管，你減了沒？

讓孩子未來生活的世界不毀壞，減塑是全球嚴肅議題，跟孩子一起成為減塑人吧。

漂亮的衣服，上面流著動物的淚

我也告訴孩子，
當我們不能確定動物皮革和皮草的使用來源是否殘忍或不人道，
那麼「拒絕消費」、「不再入手」，是我必然的態度。

當了媽媽以後，為成長中孩子挑選衣物，讓她們看起來可愛、細緻，成為一件費心但快樂的事。只是這「權限」大概也只能維持到孩子十二歲左右，尤其上高中以後，青少年更有自己的穿衣主張。穿什麼、怎麼穿，她有她想表現的自我語彙，此時我識時務地退居為幕後諮詢者，偶爾和她們聊聊自己「老派」、「古典」的衣著想法，也試著欣賞她們這一代的街頭風格；畢竟，穿衣服是最容易被忽略的親子日常，但它又如此重要。

穿得好、穿得對、穿得得體、乃至穿得好看，除了美感天成更需要後天的學習。因此，我會找機會從各種不同角度，和孩子討論有關服裝工業的種種，希望在她往後人生的每一次購衣決定裡，下訂或付帳前，能有多一些除了「潮流、時髦」以外的思考。

例如每年冬天以「輕暖舒適」訴求，而成功打入成衣市場的羽絨衣，很適合運動量大的孩子日常上下學穿著。一來穿脫方便，二來價格好入手，三來色彩選擇多、易搭配，只是我們並不因其常見而對它的製作方式有更深入的了解。

我曾讀過PETA（善待動物組織People for the Ethical Treatment of Animals）的報導指出，有些羽絨原料是用極不人道的殘忍方式取得。他們錄下工廠工人在鴨鵝意識完全清醒的狀態下，以蠻力將羽毛活活拔下，造成動物不斷徒勞掙扎、苦痛哀號，身上湧出一個又一個的血淋淋傷口。而有可靠認證的「人道羽絨」品牌在市面上少之又少，孩子看了這令人難受的新聞報導，不斷來回思考：「所以我們是不是該考慮放棄選購不確定是否人道取得的羽絨衣呢？」

後來我們在閱讀當代視覺藝術家羅晟文的網誌時，發現把自己定位成一個「Maker」的他，要去北極駐村時，需要一件功能強大的禦寒外套來抵抗北極嚴峻的低溫氣候，但他不知道坊間各品牌羽絨衣的羽毛是否以蠻硬不人道方式取得，於是他決定試著用相對無害（cruelty free）的方式，自己做一件羽絨衣。孩子被羅晟文的實驗過程大受感動，Maker（創客）是一個夯詞，多指向「一群酷愛科技、熱衷實踐的人群，以分享技術、交流思想為樂」，畢業於電機系所，羅晟文的 Maker 實踐卻帶著濃厚的人道精神。

他用兩個月時間在他荷蘭住家附近的公園和水池邊，從出來散步的鵝身上，撿拾自然掉下來的鵝毛，然後再以自己摸索出的清潔、烘乾、填充、縫製等步驟，於出發北極的前一天，果真完成一件純手做羽絨外套。長達三週的北極圈二十一次冰川徒步，羅晟文只靠一件衛生衣、長袖上衣和這件非專業工廠生產的羽絨衣，安全度過，沒有任何動物因為生產這件防寒衣物而被傷害。羅晟文土法煉鋼的自製羽絨衣，背後是科學和哲學的激盪與對話，是一個獨特、觸動人心的藝術實驗。

不僅是羽絨衣，「毛衣」也是我和孩子高度關注的物項。毛衣輕柔且容易做織紋立體變化，春秋之際一件薄毛衣特別宜人舒適，但我們讀到一篇關於「Mohair」（一般中譯：馬海毛，意指安哥拉山羊身上的毛）的新聞報導，PETA公布一份調查報告，揭露南非有十幾處生產Mohair的農場，以殘忍方式剪取羊毛的過程。

孩子點進去影片和照片的連結，看到農場工人對一隻又一隻小安哥拉山羊行徑粗暴，小山羊嗚嗚悲鳴，眼眸黯淡死槁，身為日日穿衣的人類，我們感到慚愧又心難安。雖然女兒現在還買不起Mohair這類高級素材做成的時裝，但她們在學校經常和同學討論、交流網購的實戰經驗，在預算有限和網路購物崛起的局面下，青少年往往採取「以量取勝」策略，買得多、棄得也快，當孩子開始拿到挑衣服的「自主權」，用零用錢逐步體驗「衝動購買」所帶來的激情與欲望擴張，「買衣服」實在是條需要學習的長路啊。

而Mohair是非常溫暖、輕柔、閃耀天然美麗光澤的華貴素材，我自己就擁有好幾件年輕未婚時所購入用 Mohair 做成的包包、大衣與針織上衣，如今這些物件已超過二十年，此刻穿戴它們並不能讓我踩在當下時尚的浪頭上，但因為材質好、作工精細、光澤溫潤、設計古典，經過歲月的淘洗，反而更讓我愛不釋手、珍而惜之，伴我度過北台灣一年又一年溼冷沁骨或微寒颼風的冬天。我想，以這幾件 Mohair 老衣物亦舊亦新的狀況，勢必能夠再陪我人生下一個二十年。

我告訴孩子，這些好料子做成的衣服，經得起時間的考驗，也帶來舒適愉悅的穿著感受，只要溫柔洗滌、小心收納、該繡補的時候就去繡補它，那麼五十年也奪不去它的光采。雖然購買時得多花一點錢，但因為下手前多做了考慮，因此後悔的機率很低，而好衣服年年一穿再穿，讓你減少購買那些「穿了一年就生厭生膩」的廉價衣服，細算下來，購買材質和作工較佳的衣服，不一定是奢侈、浪費。

不過除非這些 Mohair 農場公開允諾並用實際的行動，證明他們永遠不會再用不人道的方式對待身有細絨毛的安哥拉羊，否則，我不會再購買任何使用 Mohair 材質所做成的新衣物，不論它被設計得有多美、被做得有多時尚、價格有多迷人，我都不想要穿著一件漂亮的衣服但上面流著動物的淚。我們有其他保暖的新選擇，也可以繼續穿著櫃子裡的舊衣物，身而為人，我們不能在知道這些內幕後，仍然不採取行動，繼續穿著一件以殘忍方式刮取但好看輕柔的衣。

我也告訴孩子，不僅是Mohair，二十年前媽媽就絕不再購買動物皮毛做成的衣服了，當我們不能確定動物皮革和皮草的使用來源是否殘忍或不人道，那麼「拒絕消費」、「不再入手」，是我必然的態度。今時今日紡織技術的進步，使我們不再需要倚賴動物皮革來蔽體取暖，皮草已然成為華貴的象徵，但如果我們已發展出其他素材的替代品，又何須堅持非剝除動物的體肉毛皮不可？

雖然我不夠格自稱為「動保分子」，但我心中猶有著人類天性裡的「憐憫」。動物不曾迫害我們的生存，甚至滋養人類的生命，並帶給這星球美麗多樣的生態，而我們反饋給動物的答禮，總是如此稀微，從街頭浪浪的孤苦被驅逐，到經濟動物皮毛剪取的惡劣手法，我們能做的那麼多，卻又做的何其少！

番紅花的再延伸

跟孩子一起研究時裝產業很重要，因為我們不可一日無衣。而隨著網購興起，很多青少年和同儕們逐漸習慣在網路上購買「便宜」的衣服，「快時尚 Fast Fashion」當道，我們對便宜的衣服上癮，衣服很便宜、下手很容易，因此過季丟掉也就不那麼心疼。

但時裝是僅次於石油的最汙染產業，一件衣服的產生，用了許多水資源、農藥和化學製劑，耗費巨量碳足跡。過去人們珍惜衣物，破了會再繡補，買衣服前會三思，快時尚顛覆年輕世代對衣服的消費態度，怎麼辦呢？

我會帶孩子一起從事衣服回收計畫。將穿不下的衣服轉贈朋友的孩子或捐給社福單位，去參與愛心義賣活動選購二手衣鞋、出國旅行時就到當地的二手衣店尋寶以滿足購衣欲望……，讓每一件衣服，都經過深思再下手。

chapter 3

焦點新聞：社會觀察的省思

https://www.flickr.com/photos/goldberg/107095251/

餐桌上的分享，從新聞反思生活

與其放任孩子在網路上無邊界隨意瀏覽新聞，
不知道孩子接收哪些錯誤訊息或價值觀混淆，
不如每天固定撥出一、二十分鐘和孩子就新聞議題，
彼此交流、互動，更能循進培養孩子的「新聞閱讀素養」。

女兒這天的早餐是煎荷包蛋、海苔醬燙青江菜搭配一碗糙米飯，雖然是極簡料理，但正在為學測衝刺的她，這陣子不是在學校、圖書館就是在補習班，外食次數遠遠多於家裡，因此這一碗媽媽味的米飯，就是她黎明即起的小確幸了。女兒也立即品嚐出這顆荷包蛋的別有滋味，雞蛋來自講求動物福利、人道飼養的畜牧場，蛋黃刻意讓它七分完熟、維持鮮嫩滾動的狀態，蛋白則在火候控制得宜下，捲起赤褐色蕾絲邊，酥

脆焦香、討喜迷人，再淋上一小圈旅行時自日本帶回來的小豆島橄欖花醬油，這碗飯焉能不讓她吃了喜悅？

重視「吃」的家庭，對於飲食新聞必然有著相當的敏感度，因此很自然地我就和女兒聊起了這禮拜不受太多人關注、但我頗下功夫研究的已流入烘焙店餐飲業的「液蛋長蛆」新聞。這批沾有雞糞、破殼及蛆蟲的蛋品所混製成的問題液蛋，究竟是冰山一角或只是一粒老鼠屎？我跟孩子們說，莫忘隨著食安記者一路追下去。

每天和孩子們在餐桌上聊新聞，是從她們小學一年級開始就建立起來的生活習慣。孩子分享我校園種種趣事或鳥事，我則和她們聊聊一兩則當日的重要新聞。別小看這一日一則，累積下來一年也和孩子聊了三百六十五則，等到她們小學畢業，母女之間所熱烈討論過的新聞議題，六年後已超過兩千則，是不是很驚人？！

與其放任孩子在網路上無邊界隨意瀏覽新聞，不能掌握孩子接收到哪些錯誤訊息或價值觀混淆，不如父母親每天固定撥出一、二十分鐘和孩子就新聞議題，彼此交流、互動，更能循進培養孩子的「新聞閱讀素養」。

只是從浩瀚的新聞海裡，要挑選哪些類型的新聞和孩子共享，何嘗不是考驗父母的新聞素養。如今許多大人難逃「假新聞」的襲擊，往往跟著大家的Line和臉書轉貼來轉貼去而難覺察新聞的真偽，在這數位時代，父母也要從頭學習：如何選擇中立、客觀的新聞來源。

來談談與「吃」相關的新聞，這也是孩子最感興趣的。隨著網路資訊的發達，我們的日常生活充滿了各種與飲食相關的新聞報導，有些讀來輕鬆有趣帶著娛樂效果，例如我們看到標題「世大運選手村最受歡迎的台灣美食」，會忍不住好奇點進去瀏覽，看到答案是一天一百公斤的鹹酥雞、九百碗的牛肉麵和五百片的蔥油餅，不禁莞爾一笑，可能還會順手轉貼到親友群組裡；有些黑心食物的報導則帶給我們恐懼與不安，例如二〇一七年爆發的全世界雞蛋芬普尼汙染事件，國內也有超過五十萬顆雞蛋被封存銷毀，這新聞強占版面好一段時間，因為全國共被檢驗出四十四個牧場、一百二十四萬隻雞含農藥芬普尼，新聞一出，家有幼兒的家庭無不恐慌。

女兒問我，那什麼是芬普尼呢？

我跟孩子一起搜尋農委會的網站，才知曉芬普尼是一種廣效型殺蟲劑，可使用於環境清潔和寵物驅蟲，但食用動物不得使用，對人類來說屬於中等毒性、C級的致癌性，在動物實驗中證實會產生甲狀腺癌，對生態環境的傷害也不斷被提出。和孩子一起關注汙染雞蛋的新聞，絕對不會只知曉「雞蛋」而已，還會連動到化學科學、生物常識、農業等相關領域，我和孩子就是這樣一點一滴成長的。

一日三餐，每一餐不僅僅是「今天吃什麼」而已，每一餐的背後，都關乎嚴肅的環境、土地、農業、自然生態、商業操作、國際政治角力等議題。因此，一個客觀、透明的網路新聞平台，是我日常極重要的閱讀來源。

自二〇〇〇年開始發行的《環境資訊電子報》和《環境資訊中心》網站，同時由專家學者和民間環團組織提供國內外環境教育與環保資訊；十年來我每週固定在這網站汲取多元的環境資訊新聞，消化之後再轉述分享給放學後的兩個孩子。

例如去年八月份讓我印象深刻的報導與文章，有書摘推薦了生物多樣性之父愛德華．威爾森的著作《半個地球》的白犀牛篇。透過這篇書摘，我和孩子們才知道，曾經是非洲野生動物象徵的黑犀牛，其西部族群已完全滅絕，個體早已杳無蹤跡，連豢養的也沒有，最後致命的一擊，係來自將犀牛角粉做為傳統中醫藥材的中國與越南。犀牛角粉被廣泛用來治療性功能障礙與癌症，而中國人口高達十四億，無異是犀牛天大的災難，每公克犀牛角粉飆至與黃金等價。到一九九二年只剩下三十五頭，一九九七年時，悲劇性只剩下十頭黑犀牛，最後全數遭到獵殺，使黑犀牛在此星球上數百萬年的榮耀演化，終因人類劊子手而畫上了休止符……。這篇書摘使我得以注意到這本「輓歌般的優美文字記錄」科普書，進而成為全家人八月書架的搶手物。

而關注國際新聞更不可少。像是《環境資訊中心》曾轉載「公民行動影音資料庫」的報導：〈追蹤福島核災／核食汙染破紀錄，官方管理現疏忽〉，為讀者揭露了從福島第一核電廠二十公里內海灣所捕捉的黑鯛身上，測出到目前為止最高劑量的鍶90，鍶90透過食物或飲水進入體內後便不容易排出，會導致骨癌及鄰近組織癌變或白血病。福島核災食物該不該開放進口的爭論始終不歇，在食物跨國流通的現代，這是個不容忽視的民生問題，但主流媒體甚少把力氣投資在這議題，因此像《環境資訊中心》這類獨立的新聞載體更顯存在的必要。

二、三十年前的小時候，我們是習慣新聞有價的，那時大人會給我們一些銅板，差我們去巷子口的雜貨店買份報紙回家配早餐，銅板所費不多，卻是一家子日常的閱讀來源所在。如今我們打開手機就有太多太多怎麼讀也讀不到盡頭的免費即時新聞，我們寶貴的閱讀時間和視角悄悄地淹沒在無邊際的網路新聞海，然深度、深入的追蹤報導幾希。幸而還有像《環境資訊中心》、《報導者》、《端傳媒》這樣的獨立新聞媒體，致力於國內與國際的公共議題深度調查報導，讓我和孩子觀看生活與世界的角度不限

TODAY'S NEWS
HOME
POLITICS
ECONOMY
WORLD
LIFESTYLE
SPORTS
HEALTH
TECHNOLOGY
CULTURE
WEATHER
Bitcoin: How High or Low Can It Go?
How to Buy Fashion Brands on a Budget
Addressing the Health Accessibility
Cover Story: the Truth About Our Current Affairs
LATEST NEWS
People are More Mobile than Ever Before
How We Transformed from White Collars to Happy Collars
Keeping Your Kids Eyes in Shape
PICTURES & VIDEO
Reporting LIVE! from Beijing Fashion Show
The Magic of Santorini: an Amazing Way to Experience Greek Culture
Report: 7 Months after Hurricane
COLUMNS

隘於島國的偏仄。《端傳媒》曾讓我讀到了西非漁業下的中國與台灣，《報導者》則讓我讀到了韓國年輕人在看不到前景下獨鍾開炸雞店的社會現象，這是韓星韓流和韓國旅遊新聞背後，另一個觀看韓國的獨特視角。

如果每天付出一個銅板，即可閱讀到這些重大新聞的深度調查報導，如果每天不願付出一個銅板，而讓這些獨立新聞媒體無以為繼、終而消失在我們的日常閱讀網絡，那最終是我們閱聽者的損失。

我認為這不是對新聞媒體的贊助或捐款，而是回到我父執輩古典的閱讀年代。好的新聞是值得付費訂閱的，那使我們打開手機時不再處於被動、無意識的滑滑滑，而成為一個視角豐富、不隨波逐流、不被商業宰制的閱聽者。

你今年訂閱新聞了嗎？何不全家人共同選擇一個獨立新聞媒體，付出訂閱的行動，參與這精采的新聞網路盛世！

番紅花的再延伸

當父母也認同每天和孩子聊一則新聞是有意義的親子互動時間，那麼「選擇哪一則新聞」就成為父母每天的功課。我們都不想要在孩子面前膚淺或敷衍，因此，是時候讓我們來關注假新聞滲透你我日常生活的操作伎倆了。

推薦您閱讀黃哲斌所著《新聞不死，只是很喘》，「當網路讓新聞競爭十倍速，真假資訊滿天飛，我們讀到的是更多新聞，還是數位垃圾？」這是個重要的詰問。孩子的新聞素養不能靠學校也不能靠同學，更不能放任他自由摸索，新聞無所不在、真假日益難辨，我們無所逃避，只能更自覺用功。

與孩子走入「樂生」，理解生命的光明與暗面

樂生療養院這本生命之書，
有公共衛生、有醫療史，有人們的恐懼、誤解和歧視，
正值得與孩子一起揭開面紗，
重新看見那往復消逝與重建的愛。

前陣子接到好友的求救電話，他的兒子正忙於學測甄試的送審資料，他那從小就對恐龍特著迷的孩子，如今最有機會被錄取、也最符合自己興趣的科系，是公共衛生學系。好友希望在入學申請這件大事上，能提供孩子一些意見或討論建議，卻發現自己對「公共衛生」的領域極陌生，他知道我一直是閱讀的雜食者，因此問我可以從哪些讀物切入，讓自己開始認識與每個人身心健康息息相關的「公共衛生」範疇。

電話另一頭的他呵呵笑說，求知永遠不嫌遲，過去沒能了解何謂「公共衛生」，未來的日子，不論兒子有沒有申請上心中的夢幻系所，至少他不再對這與自身相關的議題，完全無知無感了。

電話另一端的我，一邊思索台灣公共衛生發展史有哪些重大事件可參考，一邊也跟著感嘆，時光倏忽，當年那帶著一堆恐龍模型來我家和女兒們一起玩耍的小男孩，如今也長成敲叩大學之門的十八歲大人了。大概是拜各種娛樂效果十足的恐龍電影所賜，父母別被性別刻板印象給制約了，在我周遭喜愛恐龍的孩子其實不分性別，我的兩個女兒就是和這小男孩，同時對這曾支配全球陸地生態系統超過一億六千萬年的脊椎動物產生好奇與研究熱情，至今家裡仍珍藏著十幾本小時候他們翻讀到破破爛爛的恐龍書。

而說到「公共衛生」，其實孩子從小就與公共衛生脫離不了干係呢。還記得小學時她們經常帶回一張流感疫苗施打意願單，要父母勾「同意」還是「不同意」，這成為我們家來回討論的一件要事。我經常在「同意」與「不同意」之間游移，每一次都隨著孩子年齡的進展，跟她們解釋為什麼媽媽對於讓她們施打疫苗如此遲疑，而政府鼓勵幼兒和老人施打流感疫苗，就是現代公共衛生政策很重要的一部分。

回溯台灣公共衛生史，不得不提起史上極受矚目、被視為歷史珍貴資產的「台灣樂生療養院」被迫拆遷事件，其爭議和抗爭迄今尚未落幕。已有八十幾年歷史的樂生療養院，其舊院區的存與廢，因為妨礙台北捷運新莊線機場工程，而逐步被台北捷運工程局拆除的悲歌，正是我們可以和孩子討論公共衛生政策的一個最好案例。

說到「樂生」，首要之務就是先了解何謂痲瘋病（正式名稱為漢生病 Hansen's disease；Leprosy），以及痲瘋病的醫療史。過去由於醫學技術的落後，人們誤解痲瘋病是難以醫治的傳染病，一九二九年，日本總督府為收容台灣痲瘋病患，在新莊的山坡上，興建台灣總督府癩病療養樂生院，一九三〇年成立全台「第一間」也是至今唯一一間專門收治痲瘋病患的公立醫院，採行「強制收容，絕對隔離」政策，以「集中營」方式強制隔離一千餘個痲瘋病人。這些被汙名化的病人，受盡社會歧視，被強迫與家人隔絕一世，餘生不再能與父母手足配偶見面，甚至就此老死於樂生院。

生命是頑強、堅強的，樂生療養院的一千多位病患，再也無家可回，從此他們以樂生院為家，於這方僻冷邊緣處，與世隔絕的寧靜山坡，互相扶持，建立起一座自給自足的痲瘋村，將沉重悲涼的生命，努力轉換成不再起風起浪的餘生。至於世人對他們的無謂恐懼和誤解，那就這樣吧，幸福的風不再吹往這裡，他們只能種下自己生命的雛菊。

沒想到當年他們因為「公共衛生」被驅趕入院，如今卻要因為捷運的「公共建設」而被迫拆遷。捷運局無視於迴龍地區土質的危險，也無視於僅存數十位老院民餘生的弱燭微光，更不在乎樂生療養院現址的歷史建築和院區乃台灣公共衛生史上，極須被保存、維護、珍視的文化遺產，就這麼無情地被強制拆除超過七成；如今被消失的將永遠消失，剩下的那三成院區，是樂生青年運動這幾年極力為老人奔波、吶喊、訴求的最後殘土。

院長信箱
https://www.flickr.com/photos/kaurjmeb/449432181/

捷運工程固然攸關廣大市民「行」的利益，但樂生療養院攸關的，不僅是數十位老院民人生晚冬的居所，還牽涉「院民生活模式的改變、院民人權、法律、工程技術與倫理、醫療實作、公共衛生政策變遷、醫學史、文物資產保存等諸多議題，數十年來一直被邊緣化、汙名化的癩病患者所具有的生存權利及寶貴的常民知識。」（見科技醫療與社會期刊網站），這就是為什麼十幾年來樂生青年堅持透過各種方法的抗爭，迄今不願放手的原因。

人類的歷史，就是一部疾病的歷史。人類扭曲痲瘋病由來已久，名聞全球的動畫導演宮崎駿，在二〇一六年「痲瘋病的歷史，人類的遺產」國際研討會上發表演講，身為日本漢生病友人權大使的他說，每次走進東京的多摩全生園（又稱山的監獄），在這茂密的林子深處，追憶此處曾有數千名被迫隔絕的痲瘋病人度過餘生，使他深刻感受「不能馬馬虎虎地活著」，他也因而創作出「魔法公主中出現的貌似痲瘋病患者的人們。影片中那些在鑪冶廠纏著綁帶勞動的人們，年少的主角阿席達卡的命運，皆蘊含著身患痲瘋病卻頑強生存的象徵意義」。

莫怪乎《魔法公主》成為宮崎駿最受矚目與盛譽的卡通動畫之一，其情感與張力強悍又綿長，深深進駐在無數孩子與大人的心裡。

我們總是告訴孩子生命是可貴的、生命是平等的、生命是值得去爭取和奮鬥的，我們經常與孩子一起朗讀那些光明、溫暖、富啟示性的繪本，但除了口說與讀字，我相信「走出去」的力量更為強大。因此我告訴好友，何不和孩子約個時間，到新莊樂生療養院去實際走走？

樂生療養院如果能重建，那何嘗不是一冊生命之書，這本書有公共衛生、有醫療史，有人們對疾病與死亡的恐懼、有人們因誤解而產生的歧視，有逝去的愛、也有重建的愛，很少有一件社會上正在發生的事，值得我們與孩子一起去揭開面紗，一個點一個點慢慢去解析。

若想陪伴孩子藉由痲瘋病史來認識公共衛生曾有過的對與錯，就從認識樂生開始吧。

番紅花的再延伸

樂生痲瘋病史是公共衛生（Public Health）歷史的一環，其實公共衛生與你我個人的生活息息相關，可鼓勵孩子思考，日常有哪些事與公共衛生脫離不了關係？

為什麼在自助餐廳挾菜時不要講話？為什麼在電梯裡咳嗽會引起側目？為什麼感冒要戴口罩？為什麼校園要幫小朋友施打疫苗？如果有些人拒絕疫苗，為什麼會造成防疫缺口？紫爆空汙為什麼是公共衛生議題？路上的汽機車排放廢氣，為什麼需要被檢舉或被開罰單？你支持哪些公共衛生政策呢？

醫學院可不只有醫學系，還有很多其他醫學研究領域都在關注人類的健康，當孩子對公共衛生有基礎認識，也就更了解「健康」的重要性了。

關注「廢墟少年」，我們都不是局外人

只有當我們不再獨善其身，
願意花時間關注「高風險家庭下」的邊緣孩子，
那些廢墟少年，才可能擁有得救的機會。

養育孩子也有一段時光了，通常是怎麼樣跟孩子相關的書，會引起你的閱讀興趣呢？許多父母鼓勵孩子當一個「雜食性的閱讀者」，我也經常提醒自己別忘了擴充自己的書架。這並不是為了在孩子面前展現我的「愛書人」形象，而是透過廣泛、多元、質量並進的閱讀，能夠深化我的閱讀素養，強化我判別資訊的能力，隨著歲月的推進，使我和孩子聊天時，不限縮侷促在過去陳舊保守的觀念，仍保有彈性、寬容與想像力，

讓孩子知道我「是個不被囚禁於考試分數牢籠，可以在很多不同領域展開理性對話的媽媽」。

例如孩子上高中以後，她們對於「打工」這件事開始懷抱著一些計畫和想像，於是我試著陪孩子一起了解台灣對於青少年打工有哪些政策與法規限制，像坊間那麼多手搖店、咖啡廳和速食店，雇用幾歲的工讀生才算合法？以時計薪的工讀生可有保險的保障？

我們一起找到《報導者》總編輯李雪莉的專文，才知道原來「為了保護兒少，避免孩子過早和過度勞動，《勞基法》規定雇主不得雇用未滿十五歲的少年，十五歲以上未滿十六歲受雇者被視為童工，童工每天工作不得超過八小時、每週工時不得超過四十小時，例假日不得工作，此外，十六歲以上未滿十八歲的少年工，亦不得從事危險性或有害工作。」嗯，法令看起來頗完善周全，對有打工需求的大孩子來說，似乎設下了各種保護標準；但是，孩子讀了以後驚訝說，等等！那個「童工」兩字是怎麼一回事？

「童工」不是多出現在印度的棉花田、孟買的紡織廠和非洲的可可豆園、挖鑽區嗎？難道台灣有「合法童工」的存在與需求？而本國十五歲的孩子，不是正應該接受國民義務教育，於校園裡讀書、打球、交朋友嗎？

更讓我們驚訝的是，李雪莉提出以下數據，「根據政府統計，二〇一四到二〇一七年間，青少年十五至十九歲勞動參與率從7.98%逐步上升到8.79%。透過勞保勾稽的數據顯示，台灣每個時刻約有三萬多名童工和少年工在勞動市場，這還不包括難以計算的未投保黑數。」

數字本身是中性、不具情感的，然這數字背後，是一個又一個、好幾萬個孩子的生命，這些與運命搏鬥的青春少年生命，被做成了一系列專題報導又被寫成一本書：《廢墟少年：被遺忘的高風險家庭孩子們》。書名一聽即知是本題材黯黑之書，和我們的小確幸穩定生活無所相干，這樣的追蹤報導與書冊，喚起我和孩子們的注意力，我們

想探究當台灣的生育率屢創世界新低、孩子成為父母的心頭肉，卻也有一大群相當數量的孩子們，一出生就拿到一手爛牌，孤獨生活在他荒頹薄涼的家裡麼？

我和孩子從這本書探看到，原來當我們愛孩子愛到願意拿命來換，在這塊島上，卻也有不少孩子是父母痛下毒手的禁臠、是被冷漠放流的孤草，是因父母無奈而被棄守的幼雛……。衛福部保護服務司公布台灣二〇一六年，疑似遭受「不當對待」的通報個案孩子總計五萬五千多人，也許這數字沒能停留在我們心上多久，我又另外找了一篇新聞與孩子共讀：去年十月桃園中印混血林姓少年之死的悲歌。

據報載林姓少年從小母親離棄、與父親疏離，十五歲國三時為了養活自己，他輟學離家，透過非法仲介在工地做童工，期間常被宿舍同事找碴欺負，最後終因誣賴的細故，被四名青少年同事毆打凌虐導致顱內出血而死；他上衣被脱光，深夜暴屍在偏僻的土地公廟前，直到天明始被路人發現。在那之前有多少個小時，露寒風冷，浸刮過這孩子尚未發育完全的身軀。

他前往非法人力仲介處尋得粗活只為讓自己能活下去，「然後他就死了」。我不認識這孩子，但這新聞從十月迄今，緊緊拉扯我的心久久未曾忘記，他是稀有案例嗎？究竟台灣還有多少像他這樣生命坎坷、化成一抔土一縷輕煙也喚不起社會凝視關注的黑數？

有關「孩子死亡、虐待」的新聞報導，或短或長，或位居頭條或版面不起眼，總引我駐足停留。像我這樣的都會中產階級，養育孩子時，不論是文化資本和經濟資本都占了先天優勢，我盡可能把家裡營造得溫馨有書香氣息，黃金葛、虎尾蘭、豬籠草、鐵線蕨、蝴蝶蘭、馬齒莧、鹿角蕨……，輪流在家屋內外綠意盎然，我在內心握拳允諾，要給孩子一段快樂無憂、和諧靜好的童年。我們一起吟哦唱歌學鋼琴，家庭旅行的足跡從墾丁、鹿野、七星潭乃至海外京阪神，我們日日親子共讀，夜夜在餐桌上享受質樸鮮美的家之味，我們真的過得很不錯，但「幸福家庭」的氛圍之下，我心中也時時浮現一股淡淡的罪惡感或愧疚感。

當我帶孩子們行旅天涯、精識好食材、床頭書香成排、組隊參加運動、熱衷參與影展、經常參訪博物館美術館，時不時造訪鄉間感受農田泥土的黏芳……，我一邊運用所有我認為「對」的、「好」的、「愛」的方式去撫養她們，卻也不斷詰問自己是否成為「階級難以流動」的幫兇？當我的孩子越是往前走去，那些不幸福的、失落的、貧窮的孩子，他們就更顯落後了，我經常不安的跟孩子們說，這世上為什麼不能每個孩子都齊步走呢？為什麼有些孩子非得走那麼快不可呢？到底可以怎麼做，拉那些不受神明祝福的孩子一把，讓他們的人生也迎風向陽？

這本《廢墟少年：被遺忘的高風險家庭孩子們》，就這麼伴我度過好一段漫漫長夜，並成為我和孩子近日比較嚴肅的對話議題。「如何培養出資優生、哈佛兒」這類書向來不是我的菜，倒是因結構不平等而提前墜落的孩子的記錄報導與論述研究，那些把我帶往陌生迢遙廢墟地的文字，使我有機會知道所謂「懶惰」、「不學好」、「不讀書」、「沒路用」的邊緣兒少，真實存在於富泰社會的黝暗角落，不是他們資質不好也不是他們不願努力，而是破了大洞的社會安全網接不住他們。

只有當我們願意花時間來關注這些邊緣孩子的處境艱難，只有當我們除了運用自己的「家庭優勢」，也願意懷疑我們自身追求考試分數的主流價值是否已過度傾斜，而開始撥出一些時間去關注、去討論國家和民間的社會支持系統是否被完善建立，只有當我們精心打造自己孩子幸福童年的同時，也能看到這群「高風險家庭」孩子的存在，於是我們不再是獨善其身的個人，於是那些少年遂有了被救起的機會。

孩子問我，會不會有些人認為讀了《廢墟少年》又如何，那些因家庭失能、在貧窮與離亂中掙扎的青少年，是政府該去面對與承擔的責任，我們顧好自己都很不容易了，把自己顧好交給社會，也算盡了責任。

噢不是的，不是這樣的，如若社會上有更多人願意以各種可能的形式把每一個底層的他們拉上來，那我們就會生活在一個更健康、更寬容、更良善的社會，我們內心也不再有自己不斷往前奔跑、卻也同步拋落其他弱勢孩子的愧疚與罪惡感。於是當我們對孩子解釋何為「正義」這兩個字時，也才能理直氣壯、不空口大話、不囁囁嚅嚅。關心高風險家庭的孩子，沒有人是局外人，養兒不能只觀看、挹注在自己的孩子身上，闔上這本《廢墟少年》，我告訴孩子們，我們不能只陷溺在自己的幸福，也要伸出去我們的手，看見別人的苦，為其發聲，協力翻轉弱勢者的處境。

拉那些不受神明祝福的孩子一把，讓他們的人生也迎風向陽。

番紅花的再延伸

根據聯合國開發計畫署二〇一六年的「人類發展報告」，全球目前仍有一點六八億名童工，想要引導孩子對童工議題的深入追索，推薦您以下三部電影：

1. 《血汗童工》：美國農場每年有超過四十萬名童工，他們每週工作七天，每天工作十四小時。此片貼身記錄三位童工的生活，這些孩子的夢想和明天，何去何從。

2. 《巧克力的黑暗面》：這部紀錄片揭發了巧克力產業背後的黑色眼淚。只需要兩百三十歐元就可以買下一位童工，並且無限期使用。

3. 《血鑽石》：一九九〇年代西非的獅子山共和國內戰，非洲軍閥為了爭奪鑽石，喪盡天良，他們強擄兒童從軍，以毒品控制這些非洲孩子，使其成為殺人不眨眼的娃娃兵。

校園霸凌，正摧毀無數孩子的人生

我們要如何確保自己的孩子不會被霸凌？
更重要的，我們要如何確保自己的孩子，
不會成為那個「把霸凌當作只是開個玩笑」的加害人呢？

「看電影」是我們家主要的藝文活動之一，兩個孩子從小就跟著我泡在家裡的電視機前看卡通和各種不同類型的劇情片、紀錄片。等到她們上高中以後，觀影身分整個大翻轉，不再仰賴媽媽獨裁的選片品味，換她們開片單，經常推薦我所謂「必看好片」了。《法醫女王》就是女兒力推的日劇，我不敢不從，趁過年長假趕緊花五百分鐘把這齣戲看完。受女兒好評的《法醫女王》，確實每一集都高潮起伏、緊湊好看，既有高度娛樂性，又緊扣當代社會面貌，難怪在日本國內獲得諸多大獎肯定。

其中有一集是關於初中校園霸凌的悲劇，我看了特別有感觸。「校園霸凌」在全世界都是個嚴肅的議題，過去我們多認為霸凌局限在肢體霸凌和言語霸凌，但隨著網際網絡的改變，「關係霸凌」也成為孩子們在學校最恐懼、最擔憂的霸凌型態之一。根據兒童福利聯盟從二〇〇四年開始對校園霸凌現況做調查，連續五年的調查數據顯示，國內約有一成的中小學生處於被霸凌的困境中。當孩子被霸凌時，他們不一定會選擇告訴父母，霸凌可能為孩子帶來逃家、逃學、自殺、飲食不正常、自尊降低、時常焦慮不安、悲觀等傷害隱憂，被瞞著的父母不能及時伸出援助，許多孩子日復一日在被霸凌的幽暗中驚懼度日。

當父母發現孩子被霸凌時，一定心痛憤怒、寢食難安。一個被霸凌的孩子，表示在班上至少群集了好幾個加害者，我經常思索，我們要如何確保自己的孩子不會被霸凌？更重要的，我們要如何確保自己的孩子不會成為那個「把霸凌當作只是開個玩笑」的加害人呢？霸凌情況不受控制的話，有可能剝奪人命，所以我們不能只關心自己的孩子會不會被霸凌，我們也應該高度關注我們的孩子在學校裡，是否友善、關懷身邊的同學，我們必須經常提醒孩子「在精神和肢體上都不可以成為施暴的人」。

我之所以對校園霸凌議題如此關切，是因為身邊好幾個好友的孩子，都在小學和國中階段無辜成為被霸凌的對象，這社會上普遍存在著一個謬誤的思維：「你必然是做錯了什麼，所以同學才會看你不順眼，聯合起來排擠你。」當父母或其他人有這種想法時，對於那些被霸凌的孩子，於是又形成了第二度傷害。「霸凌」是一種暴力的、不可取的行為，所以它不應該被合理化，人們也不應該去檢討或去懷疑被霸凌者究竟做錯了什麼而招致霸凌。我們不妨和孩子討論，就算別人做錯了什麼，就可以成為霸凌他的理由嗎？更多時候，那個被看上、被嘲笑、被欺負的孩子，往往是因為他像是一顆軟柿子般最沒有反擊的力道，一如那善良、貼心的玫瑰少年葉永鋕，他什麼也沒做錯，卻在校園生活裡受盡同儕的歧視與霸凌。

最近我應台南一家電子科技公司之邀，為其內部員工進行一場親職生活講座，主辦人甚用心，事先蒐集同仁們在育兒階段最感困擾或揪心的問題單，這些年輕父母列出

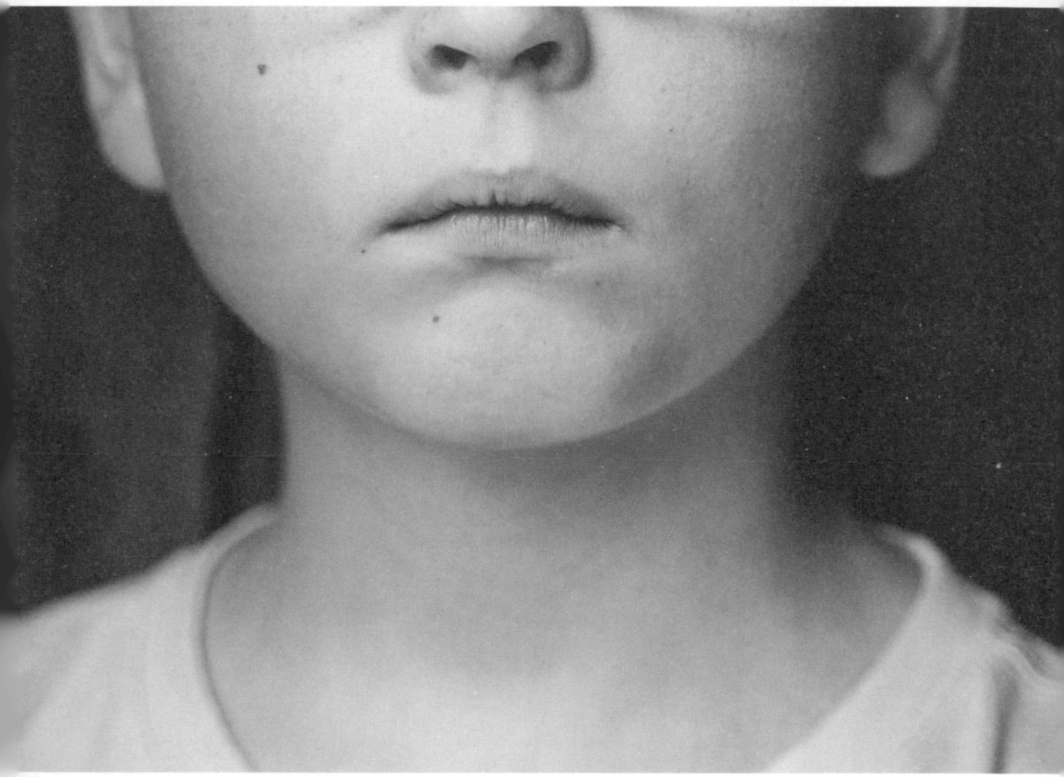

的教養問題林林總總，其中也出現了「當孩子遇到校園霸凌時，父母如何做適當的處理？又如何給予孩子正確保護自己的觀念呢？」

這幾年我收到不少此類來自父母椎心的求救訊息，學校早已不再是理所當然的安全場域，「校園霸凌」在全球各角落正以隱形、殘酷、折磨的慢節奏，摧毀無數中小學生本應燦如黎明的人生。如果你夠「幸運」，你會知道你的孩子正被霸凌。而根據學者專家的研究與統計，多數被霸凌的孩子因為受要脅與深度的恐懼，往往將「被霸凌」的種種一切深埋在心底，他獨自承受這巨大傷害，像身體裡躲著一隻又一隻的鼠，無聲寒肅地啃齧他幼小的心靈。

有了孩子之後，我們不能不關心「霸凌」這議題，不僅是為了保護自己的孩子免於被霸凌，同時，霸凌現象的嚴重，也高度意味著正有許多孩子成為霸凌的加害者，而那會不會就是我的孩子呢？如果我的孩子不是霸凌的加害者，那麼他會不會是一個冷漠、選擇忽視不介入的旁觀者呢？更或者，他有沒有可能是一個隨波逐流的助勢者？

當班級的霸凌現象發生，我是要鼓勵我的孩子獨善其身、避免惹怒勢力盛大的那一方，還是應該鼓勵孩子成為一個「挺身者」，選擇站在雞蛋的那一邊，出面制止霸凌、跟師長報告呢？愛孩子、保護孩子的你，會怎麼做？

根據兒童福利聯盟台灣校園霸凌狀況的最新調查報告，二〇一四年台灣國小高年級到高中職曾被霸凌的學生已超過四分之一，且目前仍遭長期霸凌的比例為百分之三點五，又以國小高年級百分之六為最高。這數字「百分之六」要如何解讀？意即平均每一班三十個孩子裡，就有一點八個孩子正處於被霸凌的劣勢。

孩子被霸凌的方式不再僅限於教室內的關係孤立，隨著行動載具和通訊軟體的發達，讓霸凌的戰場從上課時間拉長到放學後的每一刻，透過Line、IG和臉書，使成群結黨的學生持續在網路上展開言語的霸凌。我曾經默默觀察過那些在社群上戲謔嘲諷弱勢同學的孩子們，其中有不少是來自父母疼愛的中產家庭，他們外表乾淨有禮，在鍵盤上毀壞同學的力道卻毫無猶豫地殘酷……。

因此我經常自發性地與孩子討論，最近你所處的班級有沒有同學正被排擠、被霸凌？如果有，那是誰？加害者又是誰、有多少人？他們用哪些方式霸凌他者？老師知不知道？你怎麼做？你有沒有出面制止、伸出援手？你覺得大人能提供哪些協助嗎？更重要的，孩子你是否正面臨被霸凌的痛苦而不敢說、不能說……？

美國自一九九九年制定「反霸凌法」至今，歐美國家將「校園霸凌」視為公民議題的展現，加拿大自二〇〇八年發起「粉紅T恤日」（Pink Shirt Day）運動，許多孩子自發性地在二月某天，穿戴粉紅色衣服或配件到學校，以此宣示自己「反霸凌」的態度。

這是一股由孩子自身所展現出來的相對強悍的正義力量，不僅不加害他人、也不當一個沉默冷漠的旁觀者。只有當「反霸凌」成為全民運動，「校園友善」的理想才有可能實現，才不會有數以萬計的孩子在暗夜噩夢中驚駭哭泣，帶著低自尊與恐懼，痛苦成長，甚至提早殞落。

番紅花的再延伸

校園霸凌究竟有多嚴重？官方數字已夠驚人，還不包含未報的黑數。回頭看看家長臉書社團，每週都有被霸凌孩子的家長求救文，也會立刻湧上有經驗的家長回應，可見校園霸凌的嚴重，需要你我共同關心。

1. 被霸凌的孩子不一定會即刻告訴父母，父母別自恃親子關係良好而掉以輕心，多和孩子聊天，多關心孩子的校園生活，才能即時掌握正受傷煎熬的孩子。

2. 沒有任何人應該被霸凌，因此父母第一時間請勿「檢討」被霸凌者，指責或懷疑孩子做錯什麼才會招致被霸凌，這將會造成孩子的二度傷害。

3. 一個被霸凌的孩子，意味著背後有一群孩子集體進行霸凌行為。很少父母會有管道知道自己的孩子正是施暴者，因此從小就和孩子討論霸凌的不可為，是父母的教養責任。

慶幸我的孩子並不「乖」

當我真心期待孩子能夠「擁有獨立思考的能力」，
那麼我便不能迴避與孩子之間衝撞的產生。
一個擁有獨立思考能力的孩子，就很難事事與父母同步同調，
大人若不做好這種心理準備，
會輕易為孩了貼上「不乖」、「叛逆」、「頂嘴」的標籤。

你慶幸有個「乖孩子」嗎？你煩惱於你的孩子「不乖」嗎？「乖」讓人疼，「不乖」讓人愁，就像破壞和革新的過程總是讓人不安，一個「不乖」的孩子，也讓大人「不舒適」。

今年高雄地區以雄女和雄中為主的學子們，成立了「風狗浪·港都學生思潮」粉絲

頁，他們在學測正式放榜前夕，發起「終結放榜新聞：拒絕成功模板，停止製造神話」的連署運動，這群大孩子們說「做為學生，我們要求學校停止在學測、繁星、第一階段申請、第二階段申請、指考、指考分發等結果放榜後，主動發送採訪通知、主動將學生成績或錄取結果資料洩漏給媒體，並拒絕接受相關採訪」、「當這些放榜新聞出現後，社會對其的詮釋卻是『滿級分人數競賽』、『怎麼樣的學生才是模範』。更甚至是，當放榜新聞高度強調個人努力，進而忽視原生家庭的階級和社會地位等因素對學習成就的影響。」

他們的訴求在短短二十四小時內，獲得多所學校和學生的善意回應，教育部國教署也發出支持的聲明：「在宣傳學校辦學時，不應局限於少數學生的單一成績表現，避免刻板成功定義，而更應用心發掘多元成就，鼓勵不同專長、面向的奮發精進過程。並在安排媒體採訪前，應尊重學生的意願和保護學生隱私。」

看到這群十幾歲的學生群集站出來，理性而嚴詞控訴成人世界的謬假，突然想到這不正是一群「不乖」的孩子麼？不願再受大人的擺布，捍衛自己的隱私，指控媒體對滿級分的嗞血追逐，控訴學校長年來以學生滿級分人數做為辦學業績的不應該，這麼有想法且具有高度行動力的學生，不輕易「束手就擒」，勇敢高聲爭取屬於他們的正義與權利，這麼說，不正是群讓學校和父母都「頭疼」的孩子嗎？

「乖孩子」這三個字成為正面的讚頌詞在華人社會由來已久，「乖」，多半意味著「聽話、體貼、順從大人的心意」。有些人將「乖孩子」視為父母教養成功的指標，家有乖孩子，最讓人羨慕的，就是父母的育兒生活想必省力、方便許多。乖孩子不頑抗父母的心意、不敢或不能護衛自己內心的聲音（否則就不符合「乖」的定義了），當他的想法或意願，與大人的期許產生衝突時，他傾向迎合大人的心意、接受大人的安排，走上那條大人要他走的路；乖孩子不製造麻煩，總是更容易獲得父母和老師的肯定與讚揚。

然而我卻很怕自己養出兩個乖孩子，養出經常回答「好」、「媽媽你告訴我該怎麼做」、「我喜歡你幫我做決定」的孩子。

成為母親以後，我提醒自己不要過度讚揚「乖」來引導或約束孩子的行為發展，避免有意無意在孩子面前，強化「乖」的意涵與價值。當我真心期待孩子能夠「擁有獨立思考的能力」，那麼我便不能迴避與孩子之間衝撞產生的可能，一個擁有獨立思考能力的孩子，很難事事與父母同步同調，大人若不做好這種心理準備，就會輕易為孩子貼上「不乖」、「叛逆」、「頂嘴」的標籤。

某天一早我問女兒不必上課的週六有什麼計畫，她回答已訂好票、要去看電影《我只是個計程車司機》。已是個中學生的她，早已拒絕活在被設定好的溫室和象牙塔裡，除了積極應付學校功課，另一方面她也高度關注社會議題，《我只是個計程車司機》這部電影揭露、改編了三十幾年前發生在南韓的光州事件，關心歷史與追求真相的她，自會對這部電影有興趣。接著女兒和我聊起了前陣子頗受注目的高中女校性騷擾案件，她問我對於該校高三學生利用學校集會而進行的「真相公開，狼師走開」活動有什麼看法，我們互相交換了一些意見，發現彼此的看法並無二致，這才分頭去做各自的事。

望著女兒出門的背影，我內心感慨頗深。這時代有許多孩子在智識上的成長與行動力，每一天都在奪得我的敬意，當許多父母猶在高舉「管教」這兩字時，面對青春期孩子，我卻毫無「管教」這種心態上不自知的「上對下」之意，我打從心底學習去面對、接納孩子在成長路途上，與我所發生的歧異和衝突，敞開心扉和他們坦誠溝通、開放式的交換想法，是我認為這階段最適當的親子關係。我得學著更新自己的腦袋和想法，才能跟上這一代孩子的腳步，否則孩子縱使體諒父母的「落伍」，但也從此半掩或關上了對話的門。

因此當媒體報導該女校校長在學校集會上，對台下的學生說：「校長不是公民背景，不是這個相關的背景，我沒有辦法講更多什麼公民不服從啦，公民什麼什麼的東西……」，身為校長以這樣的措詞對學生強調學校在處理性騷擾案件時「遵守法律」的態度，我認為非常不恰當。

校長怎麼會不是公民背景呢？每一個人都是社會上的公民不是嗎？當「公民不服從」（Civil Disobedience）已成為民主社會公民表達異議的一種被認可方式，當高三學生訴求非常清楚的「真相公開，狼師走開」活動，即是這一代孩子「公民不服從」可愛復可敬的勇氣。不論有多少大人批評她們「高三了為什麼不認真讀書就好」、「是想置百年校譽於不顧嗎」、「要相信學校是遵守法律程序的」……，都只是顯示這些大人看不到青少年「公民不服從」的時代趨勢，也沒有意識到網路時代對孩子「洗腦」策略的艱困與徒勞，更看不到大人在這爭議事件裡拿出真誠、赤誠的對等對話之心。

另一方面，我們不能不比孩子更關注校園性騷擾事件，我們總是口口聲聲說，為了孩子的安全與幸福，我們會努力奮鬥到最後一刻。曾經我們連孩子的副食品營養和口味都斤斤計較、全力以赴，那麼對於孩子從小學到大學總計要待十六年的校園安全，我們又如何能輕忽？

您可知全國每年的校園性侵害和性騷擾案件有多少？根據行政院性別平等委員會性別統計資料庫所公布的最新數字，民國一〇四年有通報的校園性騷擾共三五二二件，校園性侵害總計一五六二件，至於被黑掉、被吃案或孩子害怕噤聲不敢說出來的數字則不可考，一年光是有通報的校園性騷擾與性侵害案就高達五千多件，父母如何能對這議題冷漠？父母如何能不和孩子一起多談談捍衛自己的身體、並且要有抗拒老師在年齡與權力雙重身分權勢壓迫的勇氣？

當老師已被證實四起性騷擾案件，卻仍沒獲得校方「嚴懲」而以「育嬰假」名義有可能一年後再返校園執教，當然學生會害怕會疑慮，我們慶幸這一代學生並不「乖順」，慶幸他們猶有行動力發起「真相公開，狼師走開」的訴求活動。這一起案件將影響未來許多學校在處理校園性侵害與校園性騷擾事件的態度與模式，依照「性別平等教育法」第二十六條規定，在不揭露當事人姓名身分的情況下，學校調查校園性騷擾事件，可以視情況就相關事項、處理方式及原則予以說明，並得於事件處理完成後，經被害人或其法定代理人同意，將事件之有無、樣態及處理方式予以公布。

因此，學生串聯發起的「真相公開，狼師走開」並沒有錯。在黑暗中處理事情並不能帶來光明，那些詆毀、酸罵學生為什麼不專心念書就好的大人，永遠觸不到學生的勇氣與聰慧；不乖的孩子們的吶喊如此清晰、有力，你可傾聽了麼？

番紅花的再延伸

這些年來可看到越來越多的高中生，積極參與公共事務。他們成立社群、論述擲地有聲，對學校校規或國家政策經常有破壞性的想法，也就是說，他們不再是典型的「乖小孩」，而是一群有思考力和行動組織力的倡議者。所謂「大破大立」，可不是典型乖孩子會做的事。

當孩子與我們升高衝突時，「頂嘴」、「不乖」等評語往往成為兩造無法持續對話的刃。父母必需重新定義自己對「乖孩子」的索求或期待。「乖」從來不是孩子的自我評價，當孩子背負著大人要他「乖」的外殼，就難以展開與世界衝撞、對抗的熱血。鼓勵孩子獨立思考，比鼓勵孩子「乖」，更重要。

chapter 4

人際之間：讓同理源源不絕

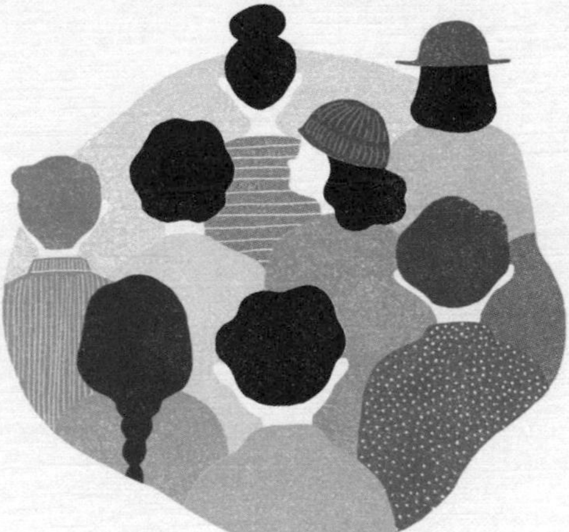

https://www.flickr.com/photos/vicky_f04/372729620/

當孩子看見鋼管女郎

我謹慎地和孩子們談「鋼管舞」，
我希望自己能夠避免置入我個人不中立不理性的評論，
因為我不想當那種動輒對孩子好發議論，
端出自以為是、其實是姿態傲慢的大人。

父母要放開心胸和孩子討論什麼是「愛情」，並不容易。一來多數人所認知或經歷到的愛情路，起伏跌宕、有憂有傷，偶有向陽卻也難逃黑暗，愛情複雜而難以釐清界定，它既無所謂的健康亦無所謂的正面，我們沉浸在各種歌裡試著理解愛情對生命的百轉千折，至今我聽瓊安貝茲彈唱〈Diamond & Rust〉仍會傷感，我們翻讀莎士比亞、張愛玲、孟若、白先勇、聶魯達、鄭愁予、村上春樹、曹雪芹的小說與詩作，我們著迷王家衛和蔡明亮的影像故事，這一切或許是為了紀念我們心中不曾放下或遺忘的愛情；愛情這麼難，所以我們要如何跟孩子談愛情呢？

但和孩子談愛情好重要啊，去年夏天才有個十五歲男孩為了對心儀女生告白失敗而選擇永久離開世界。別笑他傻，如果我們還記得自己年少時失戀的天昏地暗、傷哭不睡，我們就必須放掉為人父母後那可能不自覺的威權或傲慢、笑孩子不懂愛情，而不好好地和他們討論。

而如何和孩子談論「色情」，那就更困難了。日常和孩子走在路上等紅燈時，不就有很多深閪乳溝、性挑逗意味十足的電玩車廂廣告，在孩子和你我的眼前跑來跑去嗎？你是否和孩子聊過，當他們看到這些肉體飽滿的廣告，心裡想的是什麼？還有，他們班上的男生和女生，又是如何看待的呢？曾經我和孩子行經熙熙攘攘的忠孝復興捷運站，看到電影《聶隱娘》裡一位演技出色的女演員，為一個知名胸罩代言，廣告裡的她胸形渾圓、巧笑倩兮，孩子忍不住停下腳步，在看板前仔細端詳數秒以後，淡定地說：「欸，她胸部上面那顆痣蠻可愛的，美術設計沒有把它修圖修掉，蠻有特色的。」

我為孩子這突來的反應不禁莞爾，三十幾年前和她同年紀的我，哪敢在大庭廣眾之下，停下腳步欣賞胸罩廣告還對媽媽發表評論，時代起了如此巨大的變化，新世代孩子，不再只以「道德」角度來觀看「身體的裸露」這回事了。

看看《暮光之城》多麼受青少年喜愛、BL小說如何悄悄占進孩子的書包裡，如今許多孩子每天透過各種不同的載具與軟體，在父母不一定察覺的情況下，接觸到各種與「色情」或「情色」或「藝術」或「愛情」等等相關的新聞、廣告與APP，至於什麼是色情什麼不是色情，這定義早已隨著時代的巨輪壓境而開始鬆動、而不斷被拿出來討論與對話。身為一個不放棄更新腦袋的母親，我並不害怕面對改變的這一切，我始終準備著去了解孩子的世代；或者說，我始終準備著不緊緊抱住「道德」這兩字去強制孩子接受我這樣那樣的意識形態。「我吃過的鹽比你吃過的飯還多」是最讓孩子難以打心裡接納的八股威權話語，我透過大量的雜食閱讀與社會觀察，也透過與孩子們開放性的日常對話，深深感受到，如何進入並尊重孩子的新世代，是我永不停歇的學習。

孩子念小學時，有一次帶她們去參加鄉下親戚的結婚宴席。鄉間辦桌和城市中產階級在星級飯店婚禮，所想要傳達的優雅、富麗、精緻、時尚，大異其趣，我們和好幾位不常見面的叔公姨婆等長輩，坐在紅色塑膠板凳上圍成一圓桌，享用一道又一道食材豐盛的傳統辦桌菜。吃著吃著，正午的露天宴席舞台上，突然出現了好幾位穿著「清涼」的鋼管女郎，她們搔首弄姿、擺款跳舞、熱情歌聲揚送在空氣中，佇立一旁的主持人，也配合擊鼓的節奏而忘情吶喊「搖咧搖咧搖落去」，一時之間原本略嫌悶沉的喜酒氣氛，就這麼被炒熱了。

這是我兩個孩子第一次親眼目擊鋼管女郎跳鋼管舞，顯然她們有點嚇一跳，忍不住轉過頭來看著我，似乎是想聽聽媽媽會怎麼說。也或許，孩子們預期媽媽我會對這樣的音樂與穿著打扮，露出尷尬的表情吧。

此時我意識到自己必須謹慎地和孩子討論這議題，真正的我是開放的或腐朽的，是保守的或是有彈性的，都在潛移默化、影響孩子看待世界的方式。

我對孩子們說：

「哇你們今天好幸運，竟然有機會看到現場的鋼管舞，這是主人的心意。他希望喜酒場面熱鬧華麗，客人一邊吃飯一邊看秀，留下開心的回憶。你們問媽咪鋼管女郎穿的這樣閃閃發亮、清涼裸露，會不會覺得噁心？其實你們想想天后蔡依林，她在MV和小巨蛋載歌載舞，不也是類似風格的打扮，銀閃閃又辣度破表，你們會覺得低俗或噁心嗎？如果你看待Jolin穿輕薄透紗是音樂工作的整體表現，那麼你當然不必覺得吃喜酒看鋼管女郎跳舞，就是品味的低俗。你試著去專心觀賞舞台上的女郎，她們的表演結合了體操和現代舞蹈，鋼管舞是利用垂直的支柱，嫻熟、優美地做出攀爬、旋轉、身體倒掛等動作，需要經過嚴格訓練的技術和身體力量，這可是一種專業呢。或許有些人用道德的眼光去批判鋼管女郎、鋼管舞，但媽媽認為你們可以用不同的角度，想得和別人不一樣。」

我謹慎地和孩子們談「鋼管舞」，我希望自己能夠避免置入我個人不中立、不理性的評論，我不想當那種動輒對孩子好發議論，端出自以為是、其實是姿態傲慢的大人。

我又想起往中南部旅行時，不論夜晚或白天，孩子們經常看到省道上一間又一間小小鐵皮屋裡，坐著一位又一位低頭包裝檳榔的女孩，一群被稱為「檳榔西施」的各種年齡層女性。從女兒七、八歲起，我就開始試著用彼此可以理解的語彙，聊起關於「檳榔西施」的種種，孩子們當然不了解也不理解「檳榔西施」的源起和文化，她們只能從爸爸媽媽的解說裡，慢慢去建立她們對檳榔西施這產業、這些人的好奇、認識與想法。

我們開的車子，正經過一間又一間的檳榔西施攤，孩子正凝視著窗外那跑出來遞一包檳榔給貨車司機的女子，此時你會用什麼角度和孩子談「檳榔西施」？

我自大學開始關注檳榔西施的報導與論述，時光倏忽二十幾年過去，就這產業我可以和孩子聊的不算少，聊啊聊我說：

「當然你可以和有些衛道人士一樣，覺得檳榔西施穿這樣是一種色情，但為什麼你就不覺得模特兒在舞台上穿比基尼是色情呢？她們的工作其實是一樣的，都是藉由展露的身體，來換取客戶的注意。那為什麼 Model 不會被歸類為色情，檳榔西施就被視之為低俗呢？是 Model 比較高級，檳榔西施比較低級嗎？這算不算是一種階級的歧視？」

我不給孩子標準的答案，只因開放性的談話或許更可顯示我內心的真誠。我和孩子們聊好多好多，例如為什麼檳榔西施要穿這麼少？面對記者和社會學者的訪談時，她們說過哪些內心話？她們是不是正面對著什麼樣的家庭困境，或者就只是純粹喜歡這份工作？她們因穿著暴露而承受社會道德的歧視或偶有顧客的言語肢體欺負，我告訴孩子，但吃檳榔的客人裡也有熱情、溫暖的。我看過報導，有個貨車司機還曾經把一隻活雞、放在箱子裡包得好好的，送給檳榔西施帶回家加菜呢，是隻活雞哪，想想那荒冷公路上這畫面是多麼的溫柔光亮。那樣的產業和日子，不是我們這種中產階級可以理解，但親愛的孩子，我們可以不急著用道德或倫理的枷鎖，高姿態批判世間他者的人生……。

不只是鋼管女郎和檳榔西施挑戰許多成人對「倫理」的想像與理解，我還希望有那麼一天，那些在我孩子小學、國中、高中階段，曾經聚在一起閒聊時，脫口而出「唉唷同志好噁心喔」的那些孩子們，多年以後當他們長成大人，能夠試著改變或調整他們承襲自原生家庭父母親對這世界狹隘的觀看方式。

這麼多年過去了，從葉永鋕到畢安生，我感覺握有話語權的大人，改變得好慢好慢。我們大聲以為自己很同理很尊重，但其實我們的心，未曾真正的打開，未曾真正的聆聽，未曾真正的仁慈，也未曾真正的接受。

畢竟，改變是讓人害怕的。不自覺自己對孩子強迫式的意識形態，那是更危險的父母。感謝我的孩子還願意推薦我一起聆聽「草東沒有派對」，不知不覺她們已剪掉了來自父母身上有形的無形的臍帶，但我們依舊擁有跨世代「傾聽、包容、對話」的幸福。

番紅花的再延伸

現在孩子談戀愛的年齡明顯提前很多，許多小學生已自認有戀愛的經歷，國中生互稱男女朋友的純愛章曲也在校園流動著，愛情來的時候誰都擋不住。

不管父母認不認同孩子談的戀愛是不是戀愛，可以肯定的是，父母不再能迴避「戀愛」這課題。與其高壓禁止孩子談戀愛，不如成為孩子的「戀愛顧問」，獲得孩子的信任、聆聽孩子對戀愛的苦惱與期盼，才能協助孩子免於在異性交往關係中遭受傷害，陪伴孩子「學習談戀愛」。

推薦您《青春期教育完全讀本（四冊）：和孩子談心也談性》，親子共讀，開啟我們和孩子討論愛情的契機。

當孩子的好友是新住民子女

當我們在跟孩子談「尊重生命」時，
與孩子一起增進對新住民文化的理解，不可省。
眼裡只見西方卻不識近鄰，這對孩子的心胸與見識，
肯定不是好事。

前陣子高雄市長韓國瑜在談到英語教育人才輸入台灣時，對於引進菲律賓英語人才的建議，他脫口而出如此回應：「這恐怕對台灣人心理衝擊大，因為瑪麗亞怎麼變成老師了？」此話一出，頓時引起社會一陣騷動，隨後他解釋，若聘請菲律賓英文老師，就得思慮如何能說服高雄家長、克服家長內心的障礙。

或許有些人認為這只是政治人物一時失言的小插曲，但我卻把它看作是件值得你我更往下深入思考的新聞議題。當全世界正高度關注、努力經營「東協市場」時，我們是否還置身事外，對東南亞國家的崛起無感？對東協的理解和想像，依舊停滯在「幫傭瑪麗亞」的印象？

一如四方書店創辦人張正所說：「雖然台灣與東南亞比鄰，雖然台灣人和東南亞新住民朝夕相處，雖然在一些跨國公司的分類裡，台灣已經被劃進東南亞區，不過並不表示我們很了解東南亞。相反的，我們很不認識東南亞。」您經常和孩子聊聊關於東南亞國家的文化或時事嗎？您是如何看待這些國家的呢？當我們自身對東南亞國家的認識有所偏差或未能與時俱進時，我們也就很難帶領孩子共同進入東協的地理與歷史，眼裡只見西方卻不識近鄰，這對孩子的心胸與見識，肯定不是好事。

女兒自小學開始，在她感情最親密的好友群裡，有男生也有女生，其中有好幾位同學的媽媽是新移民。等到她升上國中、高中以後，最要好的兩個摯交，也剛好都是媽媽來自越南的混血家庭。這兩個女孩個性活潑、大方、才華洋溢，並打破了「媽媽來自東南亞異國，在媽媽不會讀寫中文、無法陪讀的情況下，小孩學業成績一定比較落後」的刻板印象。她們和我的女兒一樣，一路就讀公立國小、公立國中，然後考上中山女高，一個熱愛打球和攝影、一個熱愛美術和音樂，經常和我的女兒分享她們媽媽在越南家鄉的生活，偶爾女兒回家會在餐桌上與我們閒聊好友與母親那些帶有異國色彩的生活小故事，我聽得津津有味。在我心裡，只要是我女兒的好朋友，來我們家作客我也當寶貝一樣在招呼，因此我和這兩個孩子也不算陌生。

前幾天女兒突然說：「小媛的媽媽要回越南七天去探望家人了！」這陣子正對越南料理產生濃厚興趣的我，聽到這消息，忍不住央求女兒可否幫我傳Line給小媛，如果方便的話，請她媽媽幫我帶一瓶以她在地眼光所認為最優質的越南魚露和新鮮胡椒粒。小媛回傳哈哈大笑圖，問：「阿姨，越南魚露和胡椒粒有什麼特別嗎？」我趕緊跟少女解釋，越南的胡椒產業和傳統釀造魚露可是聞名全世界，尤其是來自富國島的魚露，香港還有人形容它是「滴滴流金」呢！我可是心嚮往之，只嘆這樣的頂級魚露在台灣很難買到。小媛這才發現自己對她媽媽家鄉的風土餐桌故事，毫無概念，她說下次陪媽媽返鄉探望外公外婆時，一定要更用心去觀察、體驗媽媽成長地的生活與文化。

我也提醒女兒別只把頭望向西方而忽略了亞洲其他國家，有機會的話，跟小媛學一點越南話。還有，她媽媽如果喜歡寫作的話，趕快把「第六屆移民工文學獎」的連結給她，移工文學獎的舉辦，顧名思義「是以新移民（外籍配偶）與移工（外籍勞工）為主體，所生產出來的文學」，小媛媽媽可以母語越南文書寫三千字以內作品，文體不限，小說散文都行，寫下她的生命經驗，在創作中抒發她的情感與記憶。

當我們在跟孩子談「尊重生命」時，與孩子一起增進對新住民文化的理解，不可省。根據教育部一〇六學年度所做的調查統計，近十年國中小學生總數為一百八十萬人，新住民子女學生數則大約有十八點一萬人，也就是說平均每十個孩子裡，就有一位孩子來自新住民家庭，這不只是一組數字，而是一個族群真實的生命存在。我關心孩子的學校生活，就不能不注意到，在她們班級上，同學家庭背景的組合非常多元，同學的父母有醫生、律師、教師、小型企業負責人，也有上班族、藍領和中低收入戶。

當時我發現孩子假日跑去死黨家玩，無意中吃到同學媽媽所煮的道地越南湯麵，滋味酸香好吃，魚露、檸檬與九層塔的搭配讓她讚不絕口，回家以後津津樂道不已，我感到驚喜。我從小就對族群融合有著包容的心，記得小學時我們家有兩間雅房租給來台北打工掙錢的原住民，私下提到房客時，媽媽有時會用「番仔」來稱謂他們，我隱約感到其中的歧視之意，我跟媽媽抗議「你不可以這樣叫他們」。童年階段我沒有機會認識或結交來自東南亞國家的同學，既然孩子現在最投緣的朋友裡有新住民子女，愛屋及烏，我認為她們不妨多花點時間去認識好友母親來自的國度，並鼓勵好友，把握機會去學習媽媽的家鄉語言如越南話和印尼話，那不僅是她們先天語言上的優勢，也能夠寬慰媽媽的思鄉情，讓媽媽感到不孤單。

女兒國中好友小慧的母親，從越南偏遠山區嫁來台灣，小慧曾經陪媽媽回去越南家鄉好幾次，閒聊時她告訴我那迢遙的歸鄉路充滿了溫暖快樂的回憶。雖然她的越南語很破，和外公外婆阿姨舅舅對話時很卡，但越南鄉下自然、質樸、淳厚的環境，努力比手畫腳、增進溝通的熱情，各種陌生但異常美味的食物，以及媽媽因返鄉而不斷流露出來的笑容，在在使她感動難忘。倒是升上國中以後，因為補習、考試和旅費的關係，她已經好幾年沒能陪媽媽回越南的家了。

我把網路上看到「新住民子女海外培力計畫，暑假出發，熱情徵件！」活動，透過 Line 傳給小慧。這是內政部移民署鼓勵新住民子女利用寒暑假回到（外）祖父母家進行家庭生活、文化交流體驗與語言學習，只要是小學五年級以上的新住民子女家庭，都可以提出至少十四天的計畫來參加甄選，補助金額則依前往地區而定，最高每一個人可獲得台幣七萬元補助。我鼓勵小慧趕快和媽媽一起討論如何提案甄選回越南做文化交流，別錯過這很棒的機會。

小慧放學後馬上回傳 Line 給我，很開心地道謝，說她會好好研究活動簡章。

如果您想和孩子透過繪本閱讀來認識新住民，我推薦《透明的小孩：無國籍移工兒童的故事》，這是兒童文學博士幸佳慧根據非營利網路媒體《報導者》的深度報導所寫的動人篇章，探討有一群在台灣出生、沒有台灣國籍的移工小孩，他們像是透明無色無味的存在，不能打疫苗、不能受教育、不能有身分證。面對這樣命運的孩子，除了任其身魂飄盪，我們國家在法令和政策上，應該要有修法的必要或探討，一如《報導者》執行長何榮幸所說，但願能有更多人來一起關切移工家庭處境，但願我們的孩子從小就懂得尊重不同族群，從小就懂得關心其他兒童的基本人權。

我和孩子們也因為閱讀這本繪本和《報導者》的深度報導，而試著去了解什麼叫做「屬人主義」和「屬地主義」，台灣目前所採取的屬人主義（血統主義），和美國所採取的屬地主義，有什麼樣的差異。

我們因為孩子有緣結交了新住民子女為好友，因此而順勢踏上了認識東南亞國家文化之路，今年暑假女兒還計畫和小慧一起抱著吉他和提琴去報考街頭藝人證照呢。

天真的友誼輝映著人性的純淨。關心自己的孩子，也關心孩子的好友，今年生日我因此多收到一張祝福的卡片，望著這孩子用原子筆速寫我的肖像優雅而美麗，我虛榮地呵呵笑，祝願她能順利通過「新住民子女海外培力計畫」，今年夏天一解她母親的鄉愁，回到越南體驗學習當地的文化。

番紅花的再延伸

帶領孩子認識新住民文化的途徑很多，除了因緣際會結交好朋友，也可以：

1. 規畫家庭海外旅行時，將東協國家納入考慮。

2. 父母多多引導孩子關注亞洲地區的新聞報導，除了歐美主流媒體，與我們如此鄰近的東協正在發生哪些大事，我們也要養成收聽習慣。

3. 教育孩子衷心友善對待你我身邊的新住民。

4. 帶領孩子一起關心移工人權議題，可購買並閱讀TIWA台灣國際勞工協會所出版的《折翼驛鄉》，這本只有一百九十八頁的小冊子，讓我們用理性的角度，去理解台灣監獄裡移工受刑人，為什麼走上這條路；有了理解，才有對話的可能。

別讓自己在情感教育上缺了席、曠了課

幾十年前要媽媽跟我談性談身體，她一定覺得既羞恥又彆扭，
現在我不願再因襲當年母親模糊不語的「零性教育」，
我想要和孩子好好地面對身體、建立正確性知識，
她才能夠學習以健康的態度愛自己，
尊重他人身體，捍衛人我之間最適當的、不該被僭越的距離。

媽媽八十歲了，我回想從幼年至今，她從來沒有跟我正式或非正式談過任何跟「性」有關的話題。我人生所有與性相關的常識或知識，都來自於成年以後自身懵懵懂懂的摸索。我不怪她，媽媽白幼喪母，一生未曾受過任何學校教育，不識字，想來她根本不知道「性教育」的概念與必要，甚至她的性知識也可能很薄弱，而要她對孩子啟齒與性相關或深或淺的資訊，也太為難民國三十幾年出生的她了。

但去年讀小說《房思琪的初戀樂園》時，書中有一段犀利的母女對話令我始終難忘，女兒房思琪對媽媽說：「我們的家教好像什麼都有，就是沒有性教育。」身為拚教養的中產母親，正如房思琪所喟嘆，我們願意投入最多的資源來培養孩子，我們鼓勵孩子上了多少或才藝或智能或體能的課，獨獨關於人一生中最無可避免的性教育、性平教育和情感教育，幾乎可說是全面退守、付之闕如。

闔上書後我不斷反問自己，我是否突破了媽媽那一代人的精神禁錮與保守窠臼，我是否克盡母職的提供給孩子充分而正確的性教育呢？世界上還有誰比父母親更適合跟孩子聊聊關於性的議題？如果我刻意或無意的迴避親子之間的性教育與情感教育，那孩子除了從網路A片、言情小說、小屁孩間的道聽塗說、PTT的西斯（sex）板，還能從哪裡去正確學習認識自己的身體、兩性的關係？

我知道自己並非性教育專家，當我想和孩子共同走在性別探索的路上，我最好先認真做點功課。書呆子如我，決定從書本去尋找客觀的知識。我找到這一套中譯本《性的解析——美國大學性教育講義：全方位涵蓋性教育、性別教育、情感教育的性學讀本》，作者是威廉．亞伯（William L. Yarber）和芭芭拉．薩雅德（Barbara W. Sayad），這兩位學者分別是美國印第安納大學應用健康科學與性別研究教授，和加州州立大學蒙特利灣分校的女性健康等課程指導。他們採取的立場是「正向看待性」（"sex-positive" approach），書中有大量的研究與調查支撐，引用許多刊登在學術期刊上的論文做為佐證資料，以平易的寫作方式，解釋「性從來都不只是生殖器的相互摩擦，它關乎身體，也關乎觀念，更關乎他人和我們的人生。」

幾十年前要媽媽跟我談性談身體，她一定覺得既羞恥又彆扭，但現在已經民國一百多年了，我不願再因襲當年母親模糊不語的零性教育，我想要和孩子好好地面對身體、建立正確的性知識，他才能夠學習以健康的態度愛自己，尊重別人的身體，捍衛人我之間最適當的不該被僭越的距離。

去年底的公投結果，讓我們看到許多父母對性教育的遲疑與恐懼。但孩子每天上下學途中看到公車車廂的電玩廣告爆乳女郎滿街跑，我卻從來未曾聽聞家長會團體去跟教育部府會和民意代表施壓「公共運輸交通工具的託播廣告必須經過家長會同意」。當孩子每一天在馬路上或打開電視機就能看到暴露身體、充滿性別歧視、物化女性、充滿性暗示的電玩廣告、胸罩廣告一波一波襲來，不知那些反對校園性教育、性平教育的家長會團體怎麼想、有哪些作為？面對這些日復一日、毫無性別平等精神、滿滿錯誤性訊息的各種媒體露出，日常他們又是如何跟孩子解釋關於性、關於性別、關於性暗示的呢？

當我們跟孩子一起觀看電視的奧運節目而發出讚嘆之聲時，我們是否注意到，二〇二〇年受全世界矚目期待的東京奧運，將打造數千座最性別友善的廁所呢？

那些透過民意代表去施壓政府的家長會代表團體，他們「要求學校設立性別友善廁所，必須事先徵求家長會的同意方可」，性別友善廁所令他們不安，他們對學校教育伸出了干預的手，他們以保護孩子之名，忘記了教育並不是他們的專業。校園的主體是每一個孩子，包含了我們自己的孩子，但更包含了每一個別人的孩子，校園主體從來就不是只有我們自己家裡的這一個寶貝，當有些孩子需要性別友善廁所來安納他們的內心時，那並不能代表每一個父母心聲的家長會團體，憑藉哪一點掣肘反對？又如果當他們的孩子剛好有點兒關注國際新聞，問父母為什麼東京奧運要設置那麼多性別友善廁所時，他們能給出什麼樣得體的答案呢？

真正的性別平等教育，是專業的，是複雜的，是多元的。不久前我曾經在演講時詢問台下兩百多位父母，是否了解性別平等教育法的內容？台下一片靜默。

我又問，對於家裡正就讀小學的孩子，平常是否會引導性別教育呢？

例如，引導孩子認識自己的身體，認識自己的生殖器官，認識身體發育的進程，引導孩子撕去性別的框架標籤，男生當然可以陰柔、女生絕對可以帥氣，告訴孩子什麼是同性戀、異性戀、如何尊重「順性別」和「跨性別」，並且真心跟孩子承諾，如若孩子是同志，也會得到來自家人百分百的支持與愛？是否告訴過孩子，父與母在家裡理當平等，家事的分工係因為彼此的尊重，別讓孩子對夫妻的刻板印象影響他未來建立家庭的能力，孩子是否了解媽媽的形象不一定是在家煮飯，有些男人洗衣服帶小孩一樣做得更好。

台下這時不再靜默了，許多爸爸和媽媽紛紛說，至今仍羞於跟孩子談身體、談生殖器官，更遑論其他了。

害怕性別教育或不知如何引導孩子性別教育，卻因為誤信部分特定家長會團體透過 Line 傳輸偏差資訊，而恐懼校園性別平等教育的爸爸媽媽，是讓人隱憂的。我們其實有別的選擇，只要我們願意多做一點兒功課。

例如我們可以進入國家的「衛生福利部保護服務司」網站，這裡有官方公布每一年性侵害案件通報統計資料，在二〇一六年共有五千二百個十八歲以下孩子被性侵害，其中被性侵害的男童將近一千人；在二〇一五年則共有六千八百個十八歲以下孩子被性侵害，其中被性侵害的男童將近一千三百人。國內每一年被性侵害的孩子高達數千人，男女童皆有，值得注意的是，這是有通報的數字，至於那些被性侵害但選擇永遠深埋於心、不敢告訴父母的孩子，究竟有多少，則是一個永遠不能被探測出來的悲傷黑洞。

當我們面對這麼多孩子被性侵害的數字所反映出來的事實，父母還能不學習引導孩子認識自己的身體、捍衛自己的身體主權、在適當的年齡提供性別教育嗎？

當我們如此恐懼讓孩子認識性，當父母在家庭的情感教育曠了課缺了席，又受網路斷章取義的文章影響而忍不住干預校園性別平等教育時，你的孩子將很難從你身邊習得正確的性別與情感教育。你的孩子可能會從粗俗粗暴的網路媒體、和他一樣模糊不清的同儕朋友處，學習到關於性與愛的一切，孩子將不會選擇和你聊他的內心他的徬徨他的迷惑，因為他已從日常父母的態度裡，觀悟到爸媽並不是陪他談性別談愛情的好對象，這方面他的爸媽是不可說的。

關於情感教育和性平教育，我們真的可以再多做點兒功課，爸爸媽媽請停止隨著網路刻意扭曲的片面訊息起舞吧。

番紅花的再延伸

最近看到一位母親在臉書社群上問大家一個問題，她說青春期兒子跟她反映自己的勃起長度有幾公分（詳細數字我不在此轉述），請教大家購買男孩三角內褲的經驗。

首先我不贊同母親在網路社團裡如此暴露孩子的身體隱私，我自己不會希望我的母親這麼做，另一方面這十幾歲男孩能夠主動和母親討論自己生理反應所需要的貼身衣褲，是非常正面、健康的親子互動。

引導孩子認識自己的身體很重要，才能有助於孩子了解他的身體自主權，也是孩子情感教育的基礎。保護孩子免於身體被侵害是父母的責任，再一次推薦幸佳慧所著的《蝴蝶朵朵》，在校園狼師和熟人性侵害的案件一年數百例的今天，給孩子完備的身體自主權教育，刻不容緩。

「街友」不是給孩子的幸福參考指標

我並不想把他者的苦難或失去幸福當作教養的案例。
在我心裡，這無異於是一種「消費」模式，
既不仁慈，也打動不了孩子的心，
更不可能讓孩子體認到「正義」與「正義的作為」。

一月二十一日是女兒學測大考的日子，經常粗心忘記孩子學校事情的我，早早就把這件大事輸入手機裡的行事曆，提醒自己當天務必謝絕所有活動，專心當個陪考媽媽。

但女兒發現同一天也是台灣芒草心、人生百味、台灣夢想城鄉營造協會和我愛你學田市集所發起的「台北火車站無家者尾牙音樂會」，她知道去年我曾與諸多朋友一起響應這場慈善活動，煮了一大鍋韓式泡菜炒年糕，以濃郁富層次的香辣滋味，豐盛台北車站寒冷雨夜街友的心，今年因為與女兒的大考撞期，幾經掙扎，我向主辦單位請假，選擇陪孩子考試為要。

可女兒卻提出不同想法。她說她考大學是這社會最微不足道、最不值一提的小事，然歲暮寒冬為街友煮一鍋熱騰騰的食物，卻是件有意義的事，她堅持我不需把時間拿來當陪考媽媽，而應該拿來做更重要的事。她要我別放棄一大早上菜市場採買食材，接著回到家裡廚房洗洗切切，開火熱油，為五十人份泡菜豬肉鍋揮鏟奮戰的機會，然後一如去年，準時在下午五點鐘，將這一大鍋入胃暖心的料理，趁熱載運到北車的無家者尾牙現場。

女兒的反應，不禁讓我想起前年在某個公開演講場合，談到如何與孩子討論生命的價值時，我說，「我總是告訴孩子們，當你們在各種場合經過或遇到弱勢者時，請永遠不要冷漠，如果可以，盡量用你們當下的能力來表達出你內心的仁慈。同時，如果你想投下一點零用錢給街友，那麼投錢時，停下腳步，動作務必要輕，不可以用丟擲的，要盡量彎下腰來靠近放錢的盒子，慢慢投進去，再舉起自然和緩的腳步離開。」

當時在講台下有位媽媽對我的這段話不以為然，她認為鼓勵孩子投錢幫助街友是危險的，她說許多街友身體四肢明明健康正常，卻不願意付出時間與勞力去謀職求生，有些街友甚至可能是通緝犯或具有暴力傾向，因此她告訴孩子，如果在上下學途中遇到街友，保持越遠的距離越安全；她也藉此警惕孩子，如果你小時候不認真讀書，長大就會像他們一樣流落街頭、貧窮無依……。

這位媽媽出於保護孩子安全的心意，因此要孩子對街友「保持距離，以策安全」。也因為透過她的坦誠發言，我才有機會了解到，即使我們這一代有些父母受過較高的教育，對於街友或貧窮的理解，對於教養的方式，卻可能還停滯在幾十年前的想法。

例如我們仍然不能避免以他者的不幸，來當作要孩子惜福的教材。

而我不會以街友的困頓來告訴孩子「看看你有家、有床、有新衣新鞋，是多麼的幸福」，我也不喜歡拿小說《貧民百萬富翁》裡，印度孩子不能上學的悲慘童年來刺激孩子說「你不好好讀書就去當童工好了」、「你真是人在福中不知福，不懂得上學的幸運」；當孩子挑食或剩食時，我更避免語出「等到你像非洲小孩沒得吃，就知道餓得吃泥巴是什麼樣的滋味了」。

我並不想把他者的苦難或失去幸福，當作教養的案例。在我心裡，這無異是一種「消費」模式，既不仁慈，也打動不了孩子的心，更不可能讓孩子體認到「正義」與「正義的作為」。當時我回答這位母親，確實我們不能保證每一位街友（或每個路人）對孩子攻擊的可能性，但過度的焦慮是沒有必要的。仔細審視我們的內心，那過度的焦慮可能是來自於我們不自覺的歧視，回頭去檢視那些在街頭對孩子做出襲擊傷害的社會新聞，來自街友的攻擊少之又少，絕大多數讓孩子受傷的案例，是來自家庭、親人、校園和公共場所的非街友陌生人；對街友的沒來由恐懼，恐怕是我們認知的偏差。因此我仍舊告訴我的孩子，在上下學途中遇到街友，你不必嫌惡走遠也不必心有疑懼，繼續邁出你正常的步調，摸摸你口袋裡有沒有多餘的錢，不要冷漠，你可以想一想你能不能幫助他今天有個較好的晚餐。

後來孩子上了高中以後，用她所認為最適宜的方式與街友互動。她告訴我，在每月初的台北車站或忠孝東路四段，這兩處都有固定銷售《大誌》雜誌的街友是她前往購買支持的對象，這兩位街友個性活潑熱情，跟他們買雜誌，彼此心情都很輕鬆。對於孩子能夠自己發展出一套她支持特定街友的行動，對他者的弱勢與貧窮採取一些作為，我感到開心。

如何和孩子以包容、理性的態度，討論「街友」、「貧窮」等議題，其實並不容易，過去我們認為貧窮來自於好吃懶做、不積極不進取不奮鬥，那是過度簡化貧窮的複雜性。如今，許多社會學者和經濟學家為我們指出「貧窮的問題是結構性的壓迫、是制度性的不公平、是剝削所造成的。」貧窮的世襲現象，社會階級的不流動，這些都讓我們在與孩子討論「貧窮」時，不再只能流於表面「你看你有多幸福」，我們必須要知道的更多，才不會被愚弄，了解國外是怎麼做的，也觀察台灣的現況。

例如獨立新聞媒體《報導者》曾經做了一篇國際時事的深入報導：〈2020年，美國真的不再有遊民了嗎？〉，報導美國總統歐巴馬積極推動名為「打開家門」的十年計畫，目標是讓所有流離失所的美國人，可以有自己的家。當美國開始主動解決燙手山芋般的街友問題，而向來長期主張自律、奮發、敬業的共和黨，也支持民主黨的街友政策。究竟他們在街友議題上是如何思考，而兩黨又如何達成共識？這篇報導讓我看到不同的視角，和我的孩子們有更開放的討論。

讓幼兒和小學學童透過繪本來思考「無家者」，是最友善、健康的方式。和英出版社的《小紙箱》和東方出版社的《我想有個家》，都是在國際童書出版上獲得好評的街友議題書，讓孩子以溫和、理性、溫柔的方式，慢慢理解街友在這世界的何以存在，以及我們個人和國家的公共政策，可以有哪些做法和可能，協助街友脫離現下的生活，重返社會或是重返家庭。

孩子看待街友的方式，或許也是他對待生命的方式。我決定接納孩子的指示，一月二十一日不當陪考媽媽，在家裡廚房工作為街友尾牙煮泡菜豬肉鍋。當天晚上除了各方人士獻上百道滋味豐美的菜，還有林生祥、羅思容、陳明章等音樂人為街友獻唱，這是許多年輕志工籌備奔走甚久的年度活動，希望這一夜，當街友們從城市各角落來到這裡，能夠坐下來沒有壓力地吃頓熱熱的飯，不論明天在哪裡，今夜他的生命不是被世界遺棄的。

番紅花的再延伸

不論是下雨、酷暑或冷冬，孩子經常可看到社會底層者在街頭販賣玉蘭花、夜來香，在馬路口來回穿梭派發宣傳單，或是久站路口當房地產廣告舉牌人，為了生存賺取微薄的工資。我們可以和孩子一起來討論：面對他們時，什麼樣的態度是最合宜的？

對於行乞者，只能歸罪於單一原因「一定是他們不夠努力嗎」？

我們的孩子一生下來就享有豐沛資源，再加上個人努力，人生就此衣食無虞，但很多孩子一出生就「再怎麼努力也無法改變命運」，對於社會階級的不流動，或許在日常中便應該鼓勵孩子思考：我們可以怎麼做？

你和孩子看到「女性主義」就頭疼？

種種負面標籤阻礙了我們從小學到大學的性平教育，
這世界只要不放棄汙名化女性追求自身權利的行動和理念，
就不會有快樂的女兒、快樂的媽媽、快樂的妻子、快樂的女性從業人員。

從三歲迷上恐龍卡通開始，為了可以更進一步掌握國外恐龍圖鑑和影片，姪子對英文學習逐漸展現濃厚的興趣，為此我的妹妹很感到驚喜，她小心翼翼呵護兒子對外語的熱情與好奇，不敢給予過度壓力，讓孩子用他自己的節奏，慢慢建立英語聽寫的能力。時光悠忽，如今姪子已是個恐龍小達人，在學校的英語成績也保持優異的水準。

這半年正積極投入升學考試的他，最近跟我聊起「年度代表字」，我這才知道，不得不暫停最愛的線上遊戲的姪子，每天閉關啃讀好高一疊英文教科書，也連續數年關注每年年底國外媒體所公布的「年度代表字」。他說，「年度代表字」很好玩，每一年入選的字，背後都有綿密的故事與新聞網，與該年度的全球局勢緊密相呼應，說是該年度最夯最熱門的英文字也不為過。

一字一世界，姪子一邊背單字，一邊和我熱烈討論入選單字背後的脈絡與詮釋，算是「從新聞中學英文」的好方法，既生活化又知識含量高。我也樂於跟隨他從歐美權威媒體所公布的年度代表字，去探看這一年地球上發生哪些大事。

上週回娘家團聚吃飯時，姪子在餐桌上一邊挾菜一邊興奮說：「嘿，你知道麼，英國牛津辭典的二〇一八年度代表字可簡單了，是 toxic ！」

嗯，確實不是什麼冷僻的單字，toxic 係指「有毒」的意思，日常生活中有毒物質不難見，因此國內中學生多半都認得這單字。牛津辭典（Oxford English Dictionary）被視為全球最全面且權威的英語辭典，他們解釋，二〇一八整年，與 toxic 直接或間接相關的詞彙，經牛津網路字典統計，被查詢次數較前年巨幅上升百分之四十五，牛津詞典並公布前十大與 toxic 有所連結的名詞分別是：Toxic Chemical，Toxic Masculinity，Toxic Substance，Toxic Gas，Toxic Environment，Toxic Relationship，Toxic Culture，Toxic Waste，Toxic Algae 和 Toxic Air。

姪子認為被牛津辭典認可的夯字，就是他有必要了解的世界趨勢。為什麼年度代表字是「toxic」？背後起自一則驚人的國際新聞，一位前俄國間諜和他女兒在英國遭受一種駭人的神經毒氣「諾維喬克（Novichok）」攻擊，案情發展比 007 電影還撲朔迷離，英俄兩國互相指難，外交關係陷入冰點，造成全世界騷動。而與此相關的詞彙包括 Toxic Substance（有毒物質）、Toxic Gas（毒氣）及 Toxic Waste（有毒廢棄物）。姪子上網查到鄭貞茂發表文章裡提到，尤其是「Toxic Waste」這單字，之所以引起高度關注是因為美國去年經颶風侵襲後，政府及社會各方極力防止有毒廢棄物的擴散。另外印度也出現社會輿論強烈批評企業燃燒有毒廢棄物的行徑，因為燃燒有毒廢棄物將產生 Toxic Gases（有毒氣體），導致空氣遭受汙染（Toxic Air），世衛組織在二〇一八年十月即特別針對空汙對兒童健康的危害出版報告，讓世界各國對空汙的討論更為熱烈。姪子嘆了一口氣說：「難怪 toxic 這個字會暴紅！」

而榜上排名第二的相關夯字 Toxic Masculinity（有毒的男子氣概），更讓人不能忽視。什麼是「有毒的男子氣概」？導火線是二〇一七年好萊塢名流、知名製作人的性侵官司，與伴隨而來的反性侵及性騷擾運動（#MeToo movement）所帶來的劇烈震盪，並引起更廣泛的 Toxic Relationship（有毒關係），擴及到工作夥伴、父母親及政客彼此之間關係的討論，甚至形成有毒工作環境 Toxic Environment 或 Toxic Culture 的議題，toxic 雖然只有少少五個字母，但幕後可不簡單，足以讓青少年見識到一整年全球的詭譎波瀾。

回望牛津辭典二〇一三年的年度代表字「selfie」（自拍）、二〇一四年「vape」（電子香菸），二〇一五年則是「face with tears of joy」（喜極而泣）的表情符號雀屏中選。二〇一六年的年度代表字為「post-truth」（後真相，意指訴諸個人信念和情感的言論，比客觀事實更能影響局勢），二〇一七年度代表字則是「youthquake」（青年動亂，指年輕人的行動帶來重大的社會和文化改變）。從「後真相」、「青年動亂」到

https://www.flickr.com/photos/jmenj/39800506315/

二〇一八年熱門詞條「有毒的男子氣概」，我跟著姪子一起背，深深感覺這一代孩子的學習資源很豐富，死背教科書不再是應試的王道，如何保持學習彈性，跟上世界的局勢，也是當代父母要去參悟的功課。

我問姪子是否注意到，美國《時代周刊》選出「那些勇於出面指控權勢人物性侵、性騷擾的『打破沉默者』（The Silence Breakers）為二〇一七年度風雲人物」，還有還有，《美聯社》也發布了全球權威辭典出版商——韋氏公司（Merriam-Webster），所選定的二〇一七年度風雲字「feminism」，也就是「女性主義」？

所以，嗯，我們要怎麼跟孩子解釋或討論「女性主義 feminism」這夯字呢？

有些人一想到「女性主義」這個字就頭疼，二〇一七年二月川普的選戰顧問 Kellyanne Conway 就曾在公開場合說：「我很難承認自己是個典型的女性主義者，因為這意味著你非常反男性且非常支持墮胎。」你看人們為「女性主義」貼的負面標籤何其多！

這些負面標籤阻礙了我們從小到大對性別的認知，阻礙了當代婚姻的真正幸福，阻礙了因「玻璃天花板」（glass ceiling）所造成的女性職場不公，這世界只要不放棄汙名化女性追求自身權利的行動與理念，就不會有快樂的女兒、快樂的媽媽、快樂的妻子、快樂的媳婦、快樂的女性從業人員。

而如果不知道怎麼跟孩子談「女性主義」，或許我們可以參考權威的《韋伯字典》所下的的定義：「Feminism' is defined as "the belief that men and women should have equal rights and opportunities."（女性主義是認為男女應該平等且有一樣機會的信念）」，只不過是要求兩性平等罷了，有那麼可怕、需要被汙名嗎？

我不知道學測會不會考「feminism」這個字，但每一個學英文的孩子或大人，都不妨藉由這個年度夯字，來了解究竟是哪些事的發生，使得「feminism」在二〇一七年韋氏的線上查詢度，相較前一年爆多百分之七十。

最廣為人知的，莫過於好萊塢權傾一時的製片哈維韋斯坦（Harvey Weinstein）被揭發他長年利用過人的權勢，性騷擾甚至性侵諸多演藝圈女性，之後又有眾多女性揭發娛樂界、政壇等其他眾多名人的不堪舉動，震驚全球，進而掀起了「#MeToo」（我也是）運動，鼓勵更多女性透過各種社群媒體，出面揭發職場的性侵醜聞，大大顛覆了受害者躲在陰影下的傳統姿態，而將所有的醜陋攤在陽光下，力道十足地鞭笞權勢富裕男性的惡劣與粗暴。

時代的變化如此劇烈，「#MeToo」運動是美國的女性主義信仰者所跨出的一大步，連我的十六歲女兒都緊盯這件新聞的後續發展。而在台灣，二〇一七年也有一則被八卦淹沒的報導引起我的注意，據內政部公布的最新統計，這年一月到十月的出生嬰兒，從父姓者占壓倒性的百分之九十五點二一，從母姓者，僅占百分之四點七五，但是，請別小看這百分之四點七五，這可是創歷年新高的數字，意味著台灣此年可能有七千六百個寶寶在經過父母雙方的討論與同意以後，依從母姓。

我認為這是婚姻關係裡非常重大的兩性平權的演進，孩子的姓氏不再是傳統理所當然由男方來單方決定，媽媽終於有這勇氣、條件、位置和能力，與先生共同討論寶寶的姓氏。當絕大多數的婚姻關係，仍遵循著「因為一般家庭都是如此」、「為了父方傳宗接代或祭祀需要」的理由，而想都沒多想的讓寶寶從父姓，但這年卻也有七千多個家庭，展開更開放更尊重媽媽的不同思考，並願意付出行動。這七千六百個從母姓寶寶，可視為女性主義在年輕世代身上所展現出來的趨勢。

那些不願意面對或沒有能力解讀這時代趨勢的人，將會持續說出不得體的話、歧視的決策、令人失望的發球、令人厭惡的裁定。但這世代的女孩們，逐漸不再軟弱、沉默、因循、無奈，網路為她們串連起了集結的知識的力量，還在抗拒這個夯字「女性主義」嗎？還在歧視勇敢的發聲女性嗎？還在害怕跟國中生高中生上兩性的衛生教育課嗎？還在以為開女性身材玩笑無所謂嗎？還無視於職場女性「玻璃天花板」、「同工不同酬」的不正義嗎？這樣的人，恐怕無異於擱淺在沙灘上的魚，浪潮退盡，再難洄游那片豐富斑斕的大海。

番紅花的再延伸

男孩如果對「女性主義」有基本的認識，女孩如果對「女性主義」有肯定的勇氣，那麼性別的藩籬將更有機會被打破。我們可建議孩子們聽聽廣受青少年喜愛的演員艾瑪華森，在擔任聯合國婦女權能署親善大使時所發表引起國際媒體盛譽的演説：「HeForShe」。

#HeForShe「他支持她」所倡議的觀點，是希望不同性別的人們都能勇敢站出來，協助彼此表現出更真實的自己，艾瑪也邀請男女一同致力性別平等。

艾瑪精采的聯合國十一分鐘演講全程，在 YouTube 就可找到，還有完整中文字幕喔。

你的家裡有沒有性別平等教育呢？

從一當媽媽開始，我就認定「同志教育」是性平教育的不可廢一環，
因為我不想孩子成為傷害霸凌人的一分子，
也不希望自己孩子因為性傾向而有任何被霸凌的可能，
因此我要從我自己的家庭教育做起。

女兒這天下午傳來一支一分半鐘的影片要我點進去看，是位中年母親在遊行抗議記者會上，狀甚悽悽地淌下了憤怒的眼淚與尖銳的怒吼。這支短片很快就在網路上流傳開來，又一次引起社會上激烈的正反討論。這支影片將永遠在網路上被點閱著、被評論著，而影片裡的素人媽媽，因何而在公眾面前失控落淚呢？

因為她小學五年級孩子，回家跟她口述，學校美術課上，老師放映了玫瑰少年葉永鋕的紀錄片，媽媽因此覺得「孩子被糟蹋了」，她憤怒這是教育部的「置入性行銷」，孩子才五年級，沒有必要看「這種東西」，也不應該看到「彩虹旗」！左右兩邊簇擁著這位母親的友人，也隨之高聲吶喊「我們要保護我們的孩子！」、「我們下一代孩子大多數是正常的！」、「我們要讓全台灣的孩子接受正確的性別觀念！」我在電腦前凝視著她們高分貝又悲又怒的控訴，也跟著傷悲了……。我傷悲的是，造成這位媽媽情緒如此激烈波動的玫瑰少年葉永鋕紀錄片，她說她沒看過！

一支她壓根沒有親自看過的影片，竟能引起如此巨大深沉的焦慮與恐懼。為了真正懂孩子，也為了有說服力，當她站在媒體面前控訴時，為什麼不先看過老師播放的影片內容？又，背後是受什麼樣的團體所操作，讓她理智線如此斷裂呢？

由於此則新聞實在太熱，我再一次打開這部教育部所拍的紀錄片。上一次看它，可能是半年前，也不記得自己究竟看過它幾回了。葉媽媽坐在香蕉園泥地上回憶兒子永鋕點點滴滴的揪心模樣，深深植在太多人心裡，那是一個母親一生無以迴避的傷痕，她那國三兒子是大家都羨慕的啊，是個會炒菜、會幫她搥背、會叫媽媽早點休息的兒子啊，卻在國三的某個春日近午，在學校廁所意外不明地死去；玫瑰少年自此離開，永遠不在人世間，一切苦結束了，他在學校不曾幸福。

我看了又看，這部片子既看不到半滴血也沒有提到任何的性或情慾流動，有的只是南國屏東鄉下一位母親堅強度日的日常。小學五年級孩子在學校老師陪伴下看這部影片，不可能被糟蹋，卻可能往下思考，男生可不可以陰柔？我們可不可以嘲笑人家娘娘腔？男生只能有男子氣概的呈現嗎？在廁所強行脱人家褲子對嗎？當你被霸凌時，如何跟家人或老師求救？當你看到有同學被霸凌時，可以有哪些應對方法……？這些隨之而來的討論，無不關係著我們孩子在校園的身心安全與對生命的尊重，如果有哪位老師在課堂上放這部片給我的孩子看，我會非常的感動，非常的感激。

這位媽媽的怒吼，顯示「教養的焦慮」使父母多麼容易落於被操控而不自覺，最終成為一則笑柄或失去體認「進步價值」的機會，以至於被有心組織成功操弄成「校園性別平等教育」就是「同志養成教育」，遂在媒體面前意外展開荒腔走板、連孩子看了也搖頭的劇碼。

這世界只能容得下陽剛的男孩與柔軟的女孩嗎？這種謬誤的刻板印象要如何打破？如果正義能夠落實，我們就不會再聽到「娘娘腔」或「男人婆」這類的譏笑，而當孩子發現自己或他人是同志時，也不必心慌迷亂，他會打開胸襟，接納、尊重各種多元的存在。

從一當媽媽開始，我就認定性平教育是不可廢的一環，因為我不想孩子成為傷害霸凌人的一分子，更不希望自己孩子因為性傾向而有任何被霸凌的可能，因此我要從我自己的家庭教育做起。

當她們就讀國小、國中時，有時會聽到同學聊天以戲謔或不友善的語氣脫口而出說：「唉唷你好娘」、「唉唷同性戀有夠噁心」、「唉唷你蘭花指你扭屁股你是gay齁」、「唉唷你力氣這麼大你是T齁」……。這些話其實是歧視、傷人的，也足以在班上造成一股暗暗流動的霸凌氛圍。有一次女兒又看到同學面露誇張臉部表情說：「我不要跟那個娘娘腔×××同一組做報告啦⋯⋯。」這句話再度讓我的孩子感到不正義而生怒，她認為她不能再不表態了，於是睜大眼睛回應這位同學：「就算你不記得老師有教過，你家裡到底有沒有教你啊？你難道不知道我們要尊重別人的性傾向嗎？企鵝也有同性戀你知道嗎？你是在怕同性戀什麼啊？我八十歲的阿公阿嬤都不會在別人面前講這種話，你這樣講話是傷別人的心你知道嗎？」女兒的帥氣，我嚇一跳！

雖然在談到性別平等教育時，她尚未有豐實的論述能力，但她從同學日常的談話與反應，去聯想他家庭教育的有無，這是女兒有趣的推論過程。我問她為什麼有勇氣挑戰同學的認知，她說，從小我就告訴她世上為什麼有愛滋寶寶，告訴她家庭的形式不一定是男主外女主內，告訴她男護士或女飛官都是好選擇，告訴她哪位阿姨哪位叔叔是同志而他們都是很好的人，我告訴她女人有強壯大力士的、男人也有動作細膩秀雅的，我嚴肅告訴她們「男人婆」或「娘炮」都是粗魯的落後的刻板印象說法……，女兒說她關於性別的啟蒙，就是來自於家庭與父母。

原來這些年我跟孩子們聊的各種性別議題，深入的、淺面的、當下聽得懂或聽不懂的，都一一入了孩子的心。我不由想起那本在新加坡國家圖書館面臨被下架命運的美國童書《*And Tango Makes Three*》，其繁體中文版《一家三口》由台灣小魯文化於二〇一六年五月出版，這本書在美國自二〇〇五年出版至今長銷達十年，曾獲得亞馬遜網站四點五顆星和美國圖書館協會的「ALA石牆兒童與青年文學獎」（但數年來也是ALA最受爭議的書），是什麼樣的故事內容，被以兒童閱讀素養聞名全球的新加坡下架呢？

《*And Tango Makes Three*》係來自美國中央公園動物園的真實故事，園內有兩隻雄企鵝感情甚篤，一隻叫史力歐（Silo），另一隻叫羅伊（Roy），保育員發現牠們不僅一起玩樂，到了交配季，史力歐和羅伊也模仿其他異性企鵝配偶築巢與孵蛋。牠們甚至被看到撿了一顆石頭放在巢裡輪流孵育，當然，這顆石頭不可能孵育成一隻企鵝寶寶。後來保育員找到一顆異性企鵝夫妻沒多餘心力照料的企鵝蛋讓史力歐和羅伊孵育，果然在三十四天之後，成功孵出小寶寶被取名為Tango，終於順利組織一家三口的家庭（寫到這裡我眼淚差點流下來，為那位保育員，也為史力歐、羅伊和新生命Tango）。

這則萌到炸的動物新聞大大擄獲人心，從此史力歐和羅伊成為中央公園動物園極受歡迎的明星家庭。而新加坡國家圖書館認為這本紀實繪本和目前社會上主流認定的一夫一妻家庭形式是衝突的，因此決定將它下架。我深深慶幸台灣沒有這樣褊狹的書籍審查制度，我們於是有機會透過這本書和孩子討論家庭組成可不可能也包含「單一的性別」，如果我們肯定「尊重與包容」是古典美德，那麼學校與家庭的教育都是不能等的。「性別平等教育」不是只有同志教育也不能沒有同志教育，依據《性平法》施行細則第十三條，性別平等教育涵蓋了情感教育與性教育等課程，除了教導孩子尊重性別差異，也教導他們認識及尊重同志，引導孩子健康的性觀念、尊重不同性取向、具有兩性健康交往的能力等培養；還有「公民與社會」的性別平等、情愛關係、人權議題及性別光譜等內容，你說這些有多重要多需要！

最近台灣性別平等教育協會在粉絲頁發起「校園需要性別平等教育的100個理由」，邀請全國基層教師分享第一線教育現場的觀察與實踐。我讀到離島馬祖馬公國小的性別友善廁所如何費心爭取而來且使用成效極好，到台南的高中英文老師Kandy以「細雨潤無聲」的方式引導孩子以英文演講稿和電影去認識不同的性別氣質……，這些不同的路指往同一個方向，就是我們絕不去傷害與我們不同的他者，我們真心接納尊重不同的生命。

「細雨潤無聲」是一種非常優雅動人的教育精神，而家庭是孩子的啟蒙地，視野寬廣的大人，更能幫助孩子通往寬闊的世界。這是個網路謠言四處流竄的世界，希望被網路謠言誤導而恐懼性平教育的大人能越來越少，讓我們一起與孩子學習尊重與包容，共同成為終身的學習者。

番紅花的再延伸

最近我去宜蘭旅行時，和孩子在街頭看到三位打扮非常精巧時尚的二十歲左右女孩走過，其中有一位我看出來在物理上他是男孩身，但他擁有女孩的靈魂，整體和諧嬌麗的打扮攫取了我和孩子欣賞的目光；春陽燦燦，她和好友們沐浴在台灣溫柔的光。

說到「跨性別」，女兒研究得比我還多，她還參與學校性別友善廁所的倡議活動，社會的二元性別框架值得你我來一起思索。如您想打破傳統思維，更進一步了解「性別認同」，推薦您一讀《家有彩虹男孩》這本書，「關於教養，我們不欠任何人答案」，只有當我們願意做個謙卑的大人，與時俱進去靠近新知識，在和孩子聊天對話時，我們的範圍就海闊天空了。

麥田航區10

你可以跟孩子聊些什麼

新課綱上路，培養孩子成為終身學習者，
每天二十分鐘，聊出思辨力與素養力！

作　　者／番紅花
責任編輯／張桓瑋
校　　對／番紅花　張桓瑋　吳淑芳
國際版權／吳玲緯
行　　銷／巫維珍　蘇莞婷　黃俊傑
業　　務／李再星　陳紫晴　陳美燕　馮逸華
副總編輯／林秀梅
編輯總監／劉麗真
總 經 理／陳逸瑛
發 行 人／涂玉雲
出　　版／麥田出版
104台北市民生東路二段141號5樓
電話：(886) 2-2500-7696
傳真：(886) 2-2500-1966、2500-1967
封面設計／三人制創
內頁設計／海流設計
印　　刷／沐春行銷創意有限公司

發　　行／英屬蓋曼群島商家庭傳媒股份有限公司城邦分公司
104台北市民生東路二段141號11樓
書虫客服服務專線：(886) 2-2500-7718、2500-7719
24小時傳真服務：(886) 2-2500-1990、2500-1991
服務時間：週一至週五09:30-12:00・13:30-17:00
郵撥帳號：19863813　戶名：書虫股份有限公司
讀者服務信箱：E-mail：service@readingclub.com.tw
麥田部落格：http://blog.pixnet.net/ryefeld
麥田出版Facebook：https://www.facebook.com/RyeField.Cite/
香港發行所／城邦（香港）出版集團有限公司
香港灣仔駱克道193號東超商業中心1樓
電話：(852) 2508-6231
傳真：(852) 2578-9337
馬新發行所／城邦（馬新）出版集團【Cite(M)Sdn. Bhd.】
41, Jalan Radin Anum, Bandar Baru Sri Petaling,
57000 Kuala Lumpur, Malaysia.
電話：(603) 9057-8822
傳真：(603) 9057-6622
E-mail：cite@cite.com.my
2019年6月27日　初版一刷
2022年8月3日　初版十四刷
定價／350元
ISBN 978-986-344-671-2

國家圖書館出版品預行編目（CIP）資料

你可以跟孩子聊些什麼：新課綱上路，培養孩子成為終身學習者，每天二十分鐘，聊出思辨力與素養力！／番紅花著.
-- 初版. -- 臺北市：麥田出版：家庭傳媒城邦分公司發行,
2019.06

面；　公分. --（麥田航區；10）

ISBN 978-986-344-671-2（平裝）

1.親職教育　2.子女教育　　528.2　108009159

cite城邦媒體 麥田出版
Rye Field Publications
A division of Cité Publishing Ltd.

廣　告　回　函	
北區郵政管理局登記證	
台北廣字第000791號	
免　貼　郵　票	

英屬蓋曼群島商
家庭傳媒股份有限公司城邦分公司
104 台北市民生東路二段141號5樓

▼
請沿虛線折下裝訂，謝謝！

文學・歷史・人文・軍事・生活

麥田出版
Rye Field Publications

書號：RL9410　　書名：你可以跟孩子聊些什麼

讀者回函卡

cite城邦媒體

※為提供訂購、行銷、客戶管理或其他合於營業登記項目或章程所定業務需要之目的，家庭傳媒集團（即英屬蓋曼群島商家庭傳媒股份有限公司城邦分公司、城邦文化事業股份有限公司、書虫股份有限公司、墨刻出版股份有限公司、城邦原創股份有限公司），於本集團之營運期間及地區內，將以e-mail、傳真、電話、簡訊、郵寄或其他公告方式利用您提供之資料（資料類別：C001、C002、C003、C011等）。利用對象除本集團外，亦可能包括相關服務的協力機構。如您有依個資法第三條或其他需服務之處，得致電本公司客服中心電話請求協助。相關資料如為非必填項目，不提供亦不影響您的權益。

□ 請勾選：本人已詳閱上述注意事項，並同意麥田出版使用所填資料於限定用途。

姓名：________________ 聯絡電話：________________

聯絡地址：□□□ ________________

電子信箱：________________

身分證字號：________________（此即您的讀者編號）

生日：____年____月____日 性別：□男 □女 □其他________

職業：□軍警 □公教 □學生 □傳播業 □製造業 □金融業 □資訊業 □銷售業

□其他________________

教育程度：□碩士及以上 □大學 □專科 □高中 □國中及以下

購買方式：□書店 □郵購 □其他________________

喜歡閱讀的種類：（可複選）

□文學 □商業 □軍事 □歷史 □旅遊 □藝術 □科學 □推理 □傳記 □生活、勵志

□教育、心理 □其他________________

您從何處得知本書的消息？（可複選）

□書店 □報章雜誌 □網路 □廣播 □電視 □書訊 □親友 □其他________

本書優點：（可複選）

□內容符合期待 □文筆流暢 □具實用性 □版面、圖片、字體安排適當

□其他________________

本書缺點：（可複選）

□內容不符合期待 □文筆欠佳 □內容保守 □版面、圖片、字體安排不易閱讀 □價格偏高

□其他________________

您對我們的建議：________________

____